Vibrante India

Un Viaggio attraverso le Ricette Autentiche dell'India

Marco Bianchi

Indice

Agnello piccante allo yogurt e zafferano 18
    ingredienti 18
    Metodo 19

agnello con verdure 20
    ingredienti 20
    Metodo 21

Manzo al curry con patate 22
    ingredienti 22
    Metodo 23

Agnello piccante Masala 24
    ingredienti 24
    Metodo 25

Rogan Josh 26
    ingredienti 26
    Metodo 27

Costolette Di Maiale Alla Griglia 28
    ingredienti 28
    Metodo 28

Manzo con latte di cocco 30
    4 porzioni 30
    ingredienti 30
    Metodo 31

kebab di maiale 32

ingredienti 32

Metodo 32

Frittura Di Peperoncino Di Manzo 33

ingredienti 33

Metodo 34

Uova Scozzesi Di Manzo 35

ingredienti 35

Metodo 35

Carne essiccata di Malabar 36

ingredienti 36

Per il mix di spezie: 36

Metodo 37

Costolette di agnello Moghlai 38

ingredienti 38

Metodo 38

Carne Con Il Gombo 39

ingredienti 39

Metodo 40

Baffo di manzo 41

ingredienti 41

Metodo 42

Badami Gosht 43

ingredienti 43

Metodo 44

Arrosto Di Manzo Indiano 45

ingredienti 45

Metodo 46

Costolette di Khatta Pudina 47
    ingredienti 47
    Metodo 48
Bistecca indiana 49
    ingredienti 49
    Metodo 49
Agnello in salsa verde 50
    ingredienti 50
    Metodo 51
Macinato di agnello facile 52
    ingredienti 52
    Metodo 52
Sorpotel di maiale 53
    ingredienti 53
    Metodo 54
agnello in scatola 55
    ingredienti 55
    Metodo 55
haleem 56
    ingredienti 56
    Metodo 57
Costolette di agnello Masala verde 58
    ingredienti 58
    Metodo 59
Fegato di agnello al fieno greco 60
    ingredienti 60
    Metodo 61

- Manzo Hussaini 62
  - ingredienti 62
  - Per il mix di spezie: 62
  - Metodo 63
- Methi di agnello 64
  - ingredienti 64
  - Metodo 65
- Manzo Indad 66
  - ingredienti 66
  - Per il mix di spezie: 66
  - Metodo 67
- casseruola di agnello 68
  - ingredienti 68
  - Metodo 68
- Agnello al gusto di cardamomo 69
  - ingredienti 69
  - Metodo 70
- Khema 71
  - ingredienti 71
  - Metodo 71
- Frittata Di Maiale Piccante 73
  - ingredienti 73
  - Per il mix di spezie: 73
  - Metodo 74
- Tandoori Raan 75
  - ingredienti 75
  - Metodo 76

- Tala di agnello 77
  - ingredienti 77
  - Per il mix di spezie: 77
  - Metodo 78
- arrosto di lingua 79
  - ingredienti 79
  - Metodo 80
- Involtini Di Montone Fritti 81
  - ingredienti 81
  - Metodo 82
- Frittura di fegato di Masala 83
  - ingredienti 83
  - Metodo 84
- lingua di manzo piccante 85
  - ingredienti 85
  - Metodo 86
- pasta di agnello 87
  - ingredienti 87
  - Metodo 87
- Agnello e curry di mele 88
  - ingredienti 88
  - Metodo 89
- Agnello secco in stile Andhra 90
  - ingredienti 90
  - Metodo 91
- Curry di manzo semplice 92
  - ingredienti 92

- Metodo 92
- dio korma 93
  - ingredienti 93
  - Metodo 94
- costolette erachi 95
  - ingredienti 95
  - Metodo 96
- carne macinata arrosto 97
  - ingredienti 97
  - Metodo 97
- Kaleji Do Pyaaza 98
  - ingredienti 98
  - Metodo 99
- Agnello con l'osso 100
  - ingredienti 100
  - Metodo 101
- vindaloo di manzo 102
  - ingredienti 102
  - Metodo 103
- Manzo al curry 104
  - ingredienti 104
  - Metodo 105
- agnello con zucca 106
  - ingredienti 106
  - Metodo 107
- gushtaba 108
  - ingredienti 108

- Metodo 109
- Agnello con Verdure ed Erbe Miste 110
  - ingredienti 110
  - Metodo 111
- agnello al limone 112
  - ingredienti 112
  - Metodo 113
- Pasanda di Agnello con Mandorle 114
  - ingredienti 114
  - Metodo 115
- Salsiccia Di Maiale Fritta Con Pepe 116
  - ingredienti 116
  - Metodo 117
- Montone Shah Jahan 118
  - ingredienti 118
  - Per il mix di spezie: 118
  - Metodo 119
- kebab di pesce 119
  - ingredienti 119
  - Per il ripieno: 120
  - Metodo 120
- Braciole Di Pesce 122
  - ingredienti 122
  - Metodo 123
- Sookha di pesce 125
  - ingredienti 125
  - Metodo 126

Mahya Kalia 127
    ingredienti 127
    Metodo 128
Rosachi al curry di gamberi 129
    ingredienti 129
    Metodo 130
Pesce ripieno di datteri e mandorle 131
    ingredienti 131
    Metodo 131
Pesce tandoori 133
    ingredienti 133
    Metodo 133
Pesce con verdure 135
    ingredienti 135
    Metodo 136
tandoor gulnare 137
    ingredienti 137
    Per la prima marinata: 137
    Per la seconda marinata: 137
Gamberetti al Masala Verde 138
    ingredienti 138
    Metodo 139
braciola di pesce 140
    ingredienti 140
    Metodo 141
Parsi Pesce Sas 142
    ingredienti 142

 Metodo 143
Peshawari Machhi 144
 ingredienti 144
 Metodo 145
Curry di granchio 146
 ingredienti 146
 Metodo 147
pesce senape 148
 ingredienti 148
 Metodo 148
Meen Vattichathu 149
 ingredienti 149
 Metodo 150
DoiMaach 151
 ingredienti 151
 Per la marinata: 151
 Metodo 152
Pesce fritto 153
 ingredienti 153
 Metodo 153
Macher Chop 154
 ingredienti 154
 Metodo 155
Pesce spada Goa 156
 ingredienti 156
 Metodo 157
Masala di pesce essiccato 158

ingredienti 158

Metodo 158

Curry di gamberi di Madras 159

ingredienti 159

Metodo 159

pesce al fieno greco 160

ingredienti 160

Metodo 161

Karimeen Porichathu 162

ingredienti 162

Metodo 163

gamberi giganti 164

ingredienti 164

Metodo 165

pesce in scatola 166

ingredienti 166

Metodo 167

Curry di polpette di pesce 168

ingredienti 168

Metodo 169

pesce amritsari 170

ingredienti 170

Metodo 170

Masala fritto di gamberi 171

ingredienti 171

Metodo 172

Pesce salato coperto 173

ingredienti 173
    Metodo 174
gamberi alla pasanda 175
    ingredienti 175
    Metodo 176
pesce spada rechaido 177
    ingredienti 177
    Metodo 178
Teekha Jinga 179
    ingredienti 179
    Metodo 180
Gamberetti Balchow 181
    ingredienti 181
    Metodo 182
bhujna gamberi 183
    ingredienti 183
    Metodo 184
Chingdi Macher Malai 185
    ingredienti 185
    Metodo 186
Pesce Sorse Bata 187
    ingredienti 187
    Metodo 187
Zuppa di pesce 188
    ingredienti 188
    Metodo 189
jinga nissa 190

ingredienti 190

Metodo 191

Calamaro Vindaloo 192

ingredienti 192

Metodo 193

Balchow di aragosta 194

ingredienti 194

Metodo 195

Gamberi con Melanzane 196

ingredienti 196

Metodo 197

gamberi verdi 198

ingredienti 198

Metodo 198

Pesce al coriandolo 199

ingredienti 199

Metodo 199

pesce malese 200

ingredienti 200

Per il mix di spezie: 200

Metodo 201

Curry di pesce Konkani 202

ingredienti 202

Metodo 202

Gamberi piccanti con aglio 203

ingredienti 203

Metodo 204

Curry di pesce semplice 205
    ingredienti 205
    Metodo 205
Curry di pesce di Goa 206
    ingredienti 206
    Metodo 207
Vindaloo di gamberetti 208
    4 porzioni 208
    ingredienti 208
    Metodo 209
Pesce a Masala Verde 210
    ingredienti 210
    Metodo 211
vongole masala 212
    ingredienti 212
    Metodo 213
ticca di pesce 214
    ingredienti 214
    Metodo 215
Melanzane ripiene di gamberi 216
    ingredienti 216
    Metodo 217
Gamberi con aglio e cannella 218
    ingredienti 218
    Metodo 218
Sogliola al vapore con senape 219
    ingredienti 219

Metodo 219

curry di pesce giallo 220

    ingredienti 220

    Metodo 220

Agnello piccante allo yogurt e zafferano

4 porzioni

ingredienti

5 cucchiai di burro chiarificato

1 cucchiaino di pasta di zenzero

1 cucchiaino di pasta all'aglio

675 g / 1½ lb di agnello disossato, tagliato a pezzi da 3,5 cm / 1½ pollice

sale a piacere

750 ml / 1¼ pinte di acqua

4 cipolle grandi, affettate

1 cucchiaino di peperoncino in polvere

1 cucchiaino di garam masala

1 cucchiaio di zucchero di canna, sciolto in 2 cucchiai di acqua

3 peperoni verdi, tagliati longitudinalmente

30 g / 1 oz di mandorle tritate

400 g di yogurt greco, montato

10 g di foglie di coriandolo, tritate finemente

½ cucchiaino di curcuma, sciolto in 2 cucchiai di latte

Metodo

- Scaldare metà del burro chiarificato in una padella. Aggiungere la pasta di zenzero e la pasta d'aglio. Friggere a fuoco medio per 1-2 minuti.

- Aggiungere l'agnello e il sale. Friggere per 5-6 minuti.

- Aggiungere l'acqua e mescolare bene. Coprite con un coperchio e fate cuocere per 40 minuti, mescolando di tanto in tanto. Mettilo da parte.

- Riscaldare il burro chiarificato rimanente in un'altra padella. Aggiungere la cipolla e soffriggere a fuoco medio fino a renderla traslucida.

- Aggiungere peperoncino in polvere, garam masala, acqua zuccherata, peperoncino verde e mandorle tritate. Continuare a friggere per un minuto.

- Aggiungere lo yogurt e mescolare bene. Cuocere il composto per 6-7 minuti, mescolando bene.

- Aggiungi questa miscela alla miscela di agnello. Mescolare bene. Coprite con un coperchio e fate cuocere per 5 minuti, mescolando di tanto in tanto.

- Guarnire con foglie di coriandolo e zafferano. Servire caldo.

agnello con verdure

4 porzioni

ingredienti

675 g di agnello, tagliato a pezzi da 2,5 cm

sale a piacere

½ cucchiaino di pepe nero macinato

5 cucchiai di olio vegetale raffinato

2 foglie di alloro

4 capsule di cardamomo verde

4 chiodi di garofano

2,5 cm / 1 pollice di cannella

2 cipolle grandi, tritate finemente

1 cucchiaino di zafferano

1 cucchiaio di cumino macinato

1 cucchiaino di peperoncino in polvere

1 cucchiaino di pasta di zenzero

1 cucchiaino di pasta all'aglio

2 pomodori a pezzetti

200 g / 7 once di piselli

1 cucchiaino di semi di fieno greco

Cimette Di Cavolfiore 200g / 7oz

500 ml / 16 fl oz di acqua

Yogurt da 200 g / 7 once

10 g di foglie di coriandolo, tritate finemente

Metodo

- Marinare l'agnello con sale e pepe per 30 minuti.

- Scaldare l'olio in una padella. Aggiungere le foglie di alloro, il cardamomo, i chiodi di garofano e la cannella. Lasciali balbettare per 30 secondi.

- Aggiungere la cipolla, la curcuma, il cumino in polvere, il peperoncino in polvere, la pasta di zenzero e la pasta d'aglio. Friggerli a fuoco medio per 1-2 minuti.

- Aggiungere l'agnello marinato e soffriggere per 6-7 minuti, mescolando di tanto in tanto.

- Aggiungere i pomodori, i piselli, i semi di fieno greco e le cimette di cavolfiore. Soffriggere per 3-4 minuti.

- Aggiungere l'acqua e mescolare bene. Coprite con un coperchio e fate cuocere per 20 minuti.

- Scoprire la padella e aggiungere lo yogurt. Mescolare bene per un minuto, coprire di nuovo e cuocere per 30 minuti, mescolando di tanto in tanto.

- Guarnire con foglie di coriandolo. Servire caldo.

Manzo al curry con patate

4 porzioni

ingredienti

6 grani di pepe nero

3 garofani

2 capsule di cardamomo nero

2,5 cm / 1 pollice di cannella

1 cucchiaino di semi di cumino

4 cucchiai di olio vegetale raffinato

3 cipolle grandi, tritate finemente

¼ di cucchiaino di zafferano

1 cucchiaino di peperoncino in polvere

1 cucchiaino di pasta di zenzero

1 cucchiaino di pasta all'aglio

750 g / 1 libbra 10 once di manzo macinato

2 pomodori a pezzetti

3 patate grandi, tagliate a cubetti

½ cucchiaino di garam masala

1 cucchiaio di succo di limone

sale a piacere

1 litro d'acqua

1 cucchiaio di foglie di coriandolo, tritate finemente

Metodo

- Macina i grani di pepe, i chiodi di garofano, il cardamomo, la cannella e i semi di cumino fino a ottenere una polvere fine. Mettilo da parte.

- Scaldare l'olio in una padella. Aggiungere la cipolla e soffriggere a fuoco medio fino a doratura.

- Aggiungere la polvere di pepe di chiodi di garofano macinati, la curcuma, il peperoncino in polvere, la pasta di zenzero e la pasta d'aglio. Friggere per un minuto.

- Aggiungere la carne macinata e rosolare per 5-6 minuti.

- Aggiungere i pomodori, le patate e il garam masala. Mescolare bene e cuocere per 5-6 minuti.

- Aggiungere il succo di limone, il sale e l'acqua. Coprire con un coperchio e cuocere per 45 minuti, mescolando di tanto in tanto.

- Guarnire con foglie di coriandolo. Servire caldo.

Agnello piccante Masala

4 porzioni

ingredienti

675g / 1½lb di agnello, tritato

3 cipolle grandi, affettate

750 ml / 1¼ pinte di acqua

sale a piacere

4 cucchiai di olio vegetale raffinato

4 foglie di alloro

¼ cucchiaino di semi di cumino

¼ di cucchiaino di semi di senape

1 cucchiaino di pasta di zenzero

1 cucchiaino di pasta all'aglio

2 peperoni verdi, tritati

1 cucchiaio di arachidi macinate

1 cucchiaio di chana dhal*, arrostito e macinato secco

1 cucchiaino di peperoncino in polvere

¼ di cucchiaino di zafferano

1 cucchiaino di garam masala

1 succo di limone

50 g di foglie di coriandolo, tritate finemente

Metodo

- Mescolare l'agnello con la cipolla, l'acqua e il sale. Cuocere questa miscela in una padella a fuoco medio per 40 minuti. Mettilo da parte.

- Scaldare l'olio in una padella. Aggiungere le foglie di alloro, i semi di cumino e i semi di senape. Lasciali balbettare per 30 secondi.

- Aggiungere la pasta di zenzero, la pasta d'aglio e il peperoncino verde. Friggerli a fuoco medio per un minuto, mescolando continuamente.

- Aggiungere le arachidi macinate, il chana dhal, il peperoncino in polvere, la curcuma e il garam masala. Continuare a friggere per 1-2 minuti.

- Aggiungi il composto di agnello. Mescolare bene. Coprire con un coperchio e cuocere per 45 minuti, mescolando di tanto in tanto.

- Cospargere con il succo di lime e le foglie di coriandolo e servire caldo.

Rogan Josh

(curry di agnello del Kashmir)

4 porzioni

ingredienti

1 succo di limone

Yogurt da 200 g / 7 once

sale a piacere

Agnello 750 g / 1 libbra 10 once, tagliato in pezzi da 2,5 cm / 1 pollice

75 g di burro chiarificato più extra per friggere

2 cipolle grandi, affettate finemente

2,5 cm / 1 pollice di cannella

3 garofani

4 capsule di cardamomo verde

1 cucchiaino di pasta di zenzero

1 cucchiaino di pasta all'aglio

1 cucchiaino di coriandolo macinato

1 cucchiaino di cumino macinato

3 pomodori grandi, tritati finemente

750 ml / 1¼ pinte di acqua

10 g di foglie di coriandolo, tritate finemente

Metodo

- Mescolare il succo di limone, lo yogurt e il sale. Marinare l'agnello con questa miscela per un'ora.

- Riscaldare il burro chiarificato per friggere in una padella. Aggiungere la cipolla e soffriggere a fuoco medio fino a doratura. Corri e prenota.

- Riscaldare il burro chiarificato rimanente in una padella. Aggiungere cannella, chiodi di garofano e cardamomo. Lasciali balbettare per 15 secondi.

- Aggiungere l'agnello marinato e soffriggere a fuoco medio per 6-7 minuti.

- Aggiungere la pasta di zenzero e la pasta d'aglio. Soffriggere per 2 minuti.

- Aggiungere il coriandolo macinato, il cumino macinato e il pomodoro, mescolare bene e cuocere per un altro minuto.

- Aggiungere l'acqua. Coprite con un coperchio e fate cuocere per 40 minuti, mescolando di tanto in tanto.

- Guarnire con foglie di coriandolo e cipolla fritta. Servire caldo.

Costolette Di Maiale Alla Griglia

4 porzioni

ingredienti

6 peperoni verdi

5 cm / 2 pollici. dalla radice di zenzero

15 spicchi d'aglio

¼ piccola papaia cruda, schiacciata

Yogurt da 200 g / 7 once

2 cucchiai di olio vegetale raffinato

2 cucchiai di succo di limone

sale a piacere

750g / 1lb 10oz costine, tagliate in 4 pezzi

Metodo

- Macinare il peperoncino verde, lo zenzero, l'aglio e la papaya cruda con acqua a sufficienza per formare una pasta densa.

- Mescolare questa pasta con gli altri ingredienti tranne le costole. Marinare le costine in questa miscela per 4 ore.

- Grigliare le costine marinate per 40 minuti, girandole di tanto in tanto. Servire caldo.

Manzo con latte di cocco

4 porzioni

ingredienti

5 cucchiai di olio vegetale raffinato

675 g di manzo, tagliato a listarelle di 5 cm

3 cipolle grandi, tritate finemente

8 spicchi d'aglio tritati

2,5 cm / 1 pollice Radice di zenzero, tritata finemente

2 peperoni verdi, tagliati longitudinalmente

2 cucchiaini di coriandolo macinato

2 cucchiaini di cumino macinato

2,5 cm / 1 pollice di cannella

sale a piacere

500 ml / 16 fl oz di acqua

500 ml di latte di cocco

Metodo

- Scaldare 3 cucchiai di olio in una padella. Aggiungere poco alla volta le striscioline di carne e farle rosolare a fuoco basso per 12-15 minuti, girandole di tanto in tanto. Corri e prenota.

- Scaldare l'olio rimanente in una padella. Aggiungere la cipolla, l'aglio, lo zenzero e il peperone verde. Friggere a fuoco medio per 2-3 minuti.

- Aggiungere le strisce di carne fritta, il coriandolo macinato, il cumino macinato, la cannella, il sale e l'acqua. Cuocere per 40 minuti.

- Aggiungi il latte di cocco. Cuocere per 20 minuti, mescolando continuamente. Servire caldo.

kebab di maiale

4 porzioni

ingredienti

100 ml di olio di senape

3 cucchiai di succo di limone

1 cipolla piccola, tritata

2 cucchiaini di pasta d'aglio

1 cucchiaino di senape in polvere

1 cucchiaino di pepe nero macinato

sale a piacere

600 g / 1 libbra 5 once di maiale disossato, tagliato in pezzi da 3,5 cm / 1½ pollice

Metodo

- Mescolare tutti gli ingredienti tranne il maiale. Marinare il maiale in questa miscela durante la notte.

- Infilzare il maiale marinato e grigliare per 30 minuti. Servire caldo.

Frittura Di Peperoncino Di Manzo

4 porzioni

ingredienti

750 g / 1 libbra 10 once di manzo, tagliata in pezzi da 2,5 cm / 1 pollice

6 grani di pepe nero

3 cipolle grandi, affettate

1 litro d'acqua

sale a piacere

4 cucchiai di olio vegetale raffinato

2,5 cm / 1 pollice Radice di zenzero, tritata finemente

8 spicchi d'aglio tritati

4 peperoni verdi

1 cucchiaio di succo di limone

50 g / 1 oz di foglie di coriandolo

Metodo

- Mescolare la carne con i grani di pepe, 1 cipolla, l'acqua e il sale. Cuocere questa miscela in una padella a fuoco medio per 40 minuti. Corri e prenota. Prenota lo stock.

- Scaldare l'olio in una padella. Friggere le cipolle rimanenti a fuoco medio fino a doratura. Aggiungere lo zenzero, l'aglio e il peperone verde. Friggere per 4-5 minuti.

- Aggiungere il succo di limone e il composto di carne. Continuare la cottura per 7-8 minuti. Aggiungi stock riservato.

- Coprite con un coperchio e fate cuocere per 40 minuti, mescolando di tanto in tanto. Aggiungere le foglie di coriandolo e mescolare bene. Servire caldo.

Uova Scozzesi Di Manzo

4 porzioni

ingredienti

500 g / 1 libbra 2 once di manzo, tritato

sale a piacere

1 litro d'acqua

3 cucchiai di fagioli*

1 uovo sbattuto

25 g di foglie di menta scarse, tritate finemente

25 g di foglie di coriandolo scarse, tritate

8 uova sode

Olio vegetale raffinato per friggere

Metodo

- Mescolare la carne con il sale e l'acqua. Cuocere in padella a fuoco basso per 45 minuti. Macinare fino a ottenere una pasta e mescolare con il besan, l'uovo sbattuto, la menta e le foglie di coriandolo. Coinvolgere le uova sode con questa miscela.
- Scaldare l'olio in una padella. Aggiungere le uova avvolte e friggere a fuoco medio fino a doratura. Servire caldo.

Carne essiccata di Malabar

4 porzioni

ingredienti

675g / 1½ lb di manzo, a dadini

4 cucchiai di olio vegetale raffinato

3 cipolle grandi, affettate

1 pomodoro, tritato

100 g / 3½ once di cocco essiccato

1 cucchiaino di peperoncino in polvere

1 cucchiaino di garam masala

1 cucchiaino di coriandolo macinato

1 cucchiaino di cumino macinato

sale a piacere

1 litro d'acqua

Per il mix di spezie:

3,5 cm / 1½ pollici radice di zenzero

6 peperoni verdi

1 cucchiaio di coriandolo macinato

10 foglie di curry

1 cucchiaio di pasta all'aglio

Metodo

- Macina insieme tutti gli ingredienti del mix di spezie per formare una pasta densa. Marinare la carne con questa miscela per un'ora.
- Scaldare l'olio in una padella. Soffriggere la cipolla a fuoco medio fino a doratura. Aggiungere la carne e friggere per 6-7 minuti.
- Aggiungi gli ingredienti rimanenti. Cuocere per 40 minuti e servire caldo.

Costolette di agnello Moghlai

4 porzioni

ingredienti

5 cm / 2 pollici. dalla radice di zenzero

8 spicchi d'aglio

6 peperoni rossi secchi

2 cucchiaini di succo di limone

sale a piacere

8 costolette di agnello, sminuzzate e appiattite

150 g / 5½ once di burro chiarificato

2 patate grandi, affettate e fritte

2 cipolle grandi

Metodo

- Tritare lo zenzero, l'aglio e il peperoncino con il succo di limone, il sale e acqua quanto basta per formare una pasta liscia. Marinare le costolette con questo composto per 4-5 ore.
- Scaldare il burro chiarificato in una padella. Aggiungere le cotolette marinate e friggere a fuoco medio per 8-10 minuti.
- Aggiungere la cipolla e le patate fritte. Cuocere per 15 minuti. Servire caldo.

Carne Con Il Gombo

4 porzioni

ingredienti

4½ cucchiai di olio vegetale raffinato

Gombo da 200 g / 7 once

2 cipolle grandi, tritate finemente

2,5 cm / 1 pollice Radice di zenzero, tritata finemente

4 spicchi d'aglio tritati

750 g / 1 libbra 10 once di manzo, tagliata in pezzi da 2,5 cm / 1 pollice

4 peperoni rossi secchi

1 cucchiaio di coriandolo macinato

½ cucchiaio di cumino macinato

1 cucchiaino di garam masala

2 pomodori a pezzetti

sale a piacere

1 litro d'acqua

Metodo

- Scaldare 2 cucchiai di olio in una padella. Aggiungere l'ocra e friggere a fuoco medio finché non diventa croccante e dorata. Corri e prenota.
- Scaldare l'olio rimanente in una padella. Friggere la cipolla a fuoco medio fino a renderla traslucida. Aggiungere lo zenzero e l'aglio. Friggere per un minuto.
- Aggiungi la carne. Friggere per 5-6 minuti. Aggiungere tutti gli altri ingredienti e l'okra. Cuocere per 40 minuti, mescolando continuamente. Servire caldo.

Baffo di manzo

(manzo cotto con cocco e aceto)

4 porzioni

ingredienti

675g / 1½ lb di manzo, a dadini

sale a piacere

1 litro d'acqua

1 cucchiaino di zafferano

½ cucchiaino di pepe nero

½ cucchiaino di semi di cumino

5-6 garofani

2,5 cm / 1 pollice di cannella

12 spicchi d'aglio tritati

2,5 cm / 1 pollice Radice di zenzero, tritata finemente

100 g di cocco fresco, grattugiato

6 cucchiai di aceto di malto

5 cucchiai di olio vegetale raffinato

2 cipolle grandi, tritate finemente

Metodo

- Mescolare la carne con il sale e l'acqua e cuocere in padella a fuoco medio per 45 minuti, mescolando di tanto in tanto. Mettilo da parte.
- Macina gli ingredienti rimanenti tranne l'olio e la cipolla.
- Scaldare l'olio in una padella. Aggiungere il composto di terra e le cipolle.
- Friggere a fuoco medio per 3-4 minuti. Aggiungere il composto di carne. Cuocere per 20 minuti, mescolando di tanto in tanto. Servire caldo.

Badami Gosht

(Agnello con Mandorle)

4 porzioni

ingredienti

5 cucchiai di burro chiarificato

3 cipolle grandi, tritate finemente

12 spicchi d'aglio schiacciati

3,5 cm / 1½ pollici Radice di zenzero, tritata finemente

750g / 1lb 10oz agnello, tritato

75 g di mandorle tritate

1 cucchiaio di garam masala

sale a piacere

250 g di yogurt

360 ml / 12 fl oz di latte di cocco

500 ml / 16 fl oz di acqua

Metodo

- Scaldare il ghee in una padella. Aggiungere tutti gli ingredienti tranne lo yogurt, il latte di cocco e l'acqua. Mescolare bene. Rosolare a fuoco basso per 10 minuti.
- Aggiungi gli ingredienti rimanenti. Cuocere per 40 minuti. Servire caldo.

Arrosto Di Manzo Indiano

4 porzioni

ingredienti

30 g / 1 oz di formaggio Cheddar, grattugiato

½ cucchiaino di pepe nero macinato

1 cucchiaino di peperoncino in polvere

10 g di foglie di coriandolo, tritate

10 g di foglie di menta, tritate finemente

1 cucchiaino di pasta di zenzero

1 cucchiaino di pasta all'aglio

Pangrattato da 25 g / 1 oz

1 uovo sbattuto

sale a piacere

675 g di manzo disossato, appiattito e tagliato in 8 pezzi

5 cucchiai di olio vegetale raffinato

500 ml / 16 fl oz di acqua

Metodo

- Impastare tutti gli ingredienti tranne la carne, l'olio e l'acqua.
- Applicare questa miscela su un lato di ogni pezzo di carne. Arrotolare ognuno e legare con lo spago per sigillare.
- Scaldare l'olio in una padella. Aggiungere gli involtini e friggere a fuoco medio per 8 minuti. Aggiungere l'acqua e mescolare bene. Cuocere per 30 minuti. Servire caldo.

Costolette di Khatta Pudina

(Braciole di menta piccante)

4 porzioni

ingredienti

1 cucchiaino di cumino macinato

1 cucchiaio di pepe bianco macinato

2 cucchiaini di garam masala

5 cucchiaini di succo di limone

4 cucchiai di panna liquida

150 g di yogurt

Chutney alla menta da 250 ml

2 cucchiai di farina di mais

¼ di papaia piccola, schiacciata

1 cucchiaio di pasta all'aglio

1 cucchiaio di pasta di zenzero

1 cucchiaino di fieno greco macinato

sale a piacere

Costolette di agnello da 675 g / 1 ½ libbra

Olio vegetale raffinato per imbastire

Metodo

- Mescolare tutti gli ingredienti tranne le costolette di agnello e l'olio. Marinare le costolette in questa miscela per 5 ore.
- Condire le costolette con olio d'oliva e grigliare per 15 minuti. Servire caldo.

Bistecca indiana

4 porzioni

ingredienti

675g / 1½lb di carne affettata per bistecche

3,5 cm / 1½ pollici Radice di zenzero, tritata finemente

12 spicchi d'aglio tritati

2 cucchiai di pepe nero macinato

4 cipolle di media grandezza, tritate

4 peperoni verdi, tritati finemente

3 cucchiai di aceto

750 ml / 1¼ pinte di acqua

sale a piacere

5 cucchiai di olio vegetale raffinato più extra per friggere

Metodo

- Mescolare tutti gli ingredienti, tranne l'olio per friggere, in una padella.
- Coprire con un coperchio stretto e cuocere per 45 minuti, mescolando di tanto in tanto.
- Scaldare l'olio rimanente in una padella. Aggiungere il composto di bistecca cotta e rosolare a fuoco medio per 5-7 minuti, girando di tanto in tanto. Servire caldo.

Agnello in salsa verde

4 porzioni

ingredienti

- 4 cucchiai di olio vegetale raffinato
- 3 cipolle grandi, grattugiate
- 1½ cucchiaino di pasta di zenzero
- 1 cucchiaino di pasta all'aglio
- 675 g di agnello, tagliato a pezzi da 2,5 cm
- ½ cucchiaino di cannella in polvere
- ½ cucchiaino di chiodi di garofano macinati
- ½ cucchiaino di cardamomo nero macinato
- 6 peperoni rossi secchi, macinati
- 2 cucchiaini di coriandolo macinato
- ½ cucchiaino di cumino macinato
- 10 g di foglie di coriandolo, tritate finemente
- 4 pomodori, passati
- sale a piacere
- 500 ml / 16 fl oz di acqua

Metodo

- Scaldare l'olio in una padella. Aggiungere la cipolla, la pasta di zenzero e la pasta d'aglio. Friggere a fuoco medio per 2-3 minuti.

- Aggiungere tutti gli altri ingredienti tranne l'acqua. Mescolare bene e friggere per 8-10 minuti. Aggiungere l'acqua. Coprite con un coperchio e fate cuocere per 40 minuti, mescolando di tanto in tanto. Servire caldo.

Macinato di agnello facile

4 porzioni

ingredienti

3 cucchiai di olio di senape

2 cipolle grandi, tritate finemente

Radice di zenzero da 7,5 cm / 3 pollici, tritata finemente

2 cucchiaini di pepe nero macinato grossolanamente

2 cucchiaini di cumino macinato

sale a piacere

1 cucchiaino di zafferano

750 g / 1 libbra 10 once di carne macinata

500 ml / 16 fl oz di acqua

Metodo

- Scaldare l'olio in una padella. Aggiungere la cipolla, lo zenzero, il pepe, il cumino in polvere, il sale e la curcuma. Friggere per 2 minuti. Aggiungi carne macinata. Friggere per 8-10 minuti.
- Aggiungere l'acqua. Mescolare bene e cuocere per 30 minuti. Servire caldo.

Sorpotel di maiale

(Fegato di maiale cotto in salsa Goan)

4 porzioni

ingredienti

Aceto di malto 250ml / 8fl oz

8 peperoni rossi secchi

10 grani di pepe nero

1 cucchiaino di semi di cumino

1 cucchiaio di semi di coriandolo

1 cucchiaino di zafferano

500 g / 1 libbra 2 once di maiale

250 g / 9 once di fegato

sale a piacere

1 litro d'acqua

Olio vegetale raffinato da 120 ml / 4 fl oz

5 cm / 2 pollici. Radice di zenzero, affettata finemente

20 spicchi d'aglio tritati

6 peperoni verdi, tagliati longitudinalmente

Metodo

- Macina metà dell'aceto con il peperoncino, il pepe, i semi di cumino, i semi di coriandolo e la curcuma fino a ottenere una pasta fine. Mettilo da parte.
- Mescolare il maiale e il fegato con il sale e l'acqua. Cuocere in padella per 30 minuti. Scolare e riservare il brodo. Tagliare a cubetti la carne di maiale e il fegato. Mettilo da parte.
- Scaldare l'olio in una padella. Aggiungere la carne macinata e soffriggere a fuoco basso per 12 minuti. Aggiungere la pasta e tutti gli altri ingredienti. Mescolare bene.
- Friggere per 15 minuti. Aggiungi stock. Cuocere per 15 minuti. Servire caldo.

agnello in scatola

4 porzioni

ingredienti

750 g / 1 libbra 10 once di agnello, tagliato a strisce sottili

sale a piacere

1 litro d'acqua

6 cucchiai di olio vegetale raffinato

1 cucchiaino di zafferano

4 cucchiai di succo di limone

2 cucchiai di cumino macinato, tostato a secco

4 cucchiai di semi di sesamo macinati

Radice di zenzero da 7,5 cm / 3 pollici, tritata finemente

12 spicchi d'aglio tritati

Metodo

- Mescolare l'agnello con il sale e l'acqua e cuocere in padella a fuoco medio per 40 minuti. Corri e prenota.
- Scaldare l'olio in una padella. Aggiungere l'agnello e soffriggere a fuoco medio per 10 minuti. Scolare e mescolare con gli altri ingredienti. Servire freddo.

haleem

(agnello in umido alla persiana)

4 porzioni

ingredienti

500 g di grano, messo a bagno per 2-3 ore e sgocciolato

1,5 litri / 2¾ pinte di acqua

sale a piacere

500 g / 1 libbra 2 once di agnello, tritato

4-5 cucchiai di burro chiarificato

3 cipolle grandi, affettate

1 cucchiaino di pasta di zenzero

1 cucchiaino di pasta all'aglio

1 cucchiaino di zafferano

1 cucchiaino di garam masala

Metodo

- Mescolare il grano con 250 ml di acqua e un po' di sale. Cuocere in padella a fuoco medio per 30 minuti. Ama bene e prenota.

- Cuocere l'agnello con il resto dell'acqua e del sale in padella per 45 minuti. Scolare e macinare per formare una pasta fine. Prenota lo stock.

- Riscalda il burro chiarificato. Soffriggere la cipolla a fuoco basso fino a doratura. Aggiungere la pasta di zenzero, la pasta d'aglio, la curcuma e la carne macinata. Friggere per 8 minuti. Aggiungere il grano, il brodo e il garam masala. Cuocere per 20 minuti. Servire caldo.

Costolette di agnello Masala verde

4 porzioni

ingredienti

Costolette di agnello da 675 g / 1½ libbre

sale a piacere

1 cucchiaino di zafferano

500 ml / 16 fl oz di acqua

2 cucchiai di coriandolo macinato

1 cucchiaino di cumino macinato

1 cucchiaio di pasta di zenzero

1 cucchiaio di pasta all'aglio

100 g di foglie di coriandolo, macinate

1 cucchiaino di succo di limone

1 cucchiaino di pepe nero macinato

1 cucchiaino di garam masala

60 g / 2 once di farina bianca semplice

Olio vegetale raffinato per friggere

2 uova sbattute

Pangrattato 50g / 1¾oz

Metodo

- Mescolare l'agnello con il sale, lo zafferano e l'acqua. Cuocere in padella a fuoco medio per 30 minuti. Corri e prenota.
- Impastare gli altri ingredienti tranne farina, olio, uova e pangrattato.
- Coprire le braciole con questo composto e cospargerle di farina.
- Scaldare l'olio in una padella. Passate le cotolette nell'uovo, passatele nel pangrattato e friggetele fino a doratura. Girati e ripeti. Servire caldo.

Fegato di agnello al fieno greco

4 porzioni

ingredienti

4 cucchiai di olio vegetale raffinato

2 cipolle grandi, tritate finemente

¾ cucchiaino di pasta di zenzero

¾ cucchiaino di pasta d'aglio

50 g di foglie di fieno greco, tritate

600g / 1lb 5oz fegato di agnello, tritato

3 pomodori, tritati finemente

1 cucchiaino di garam masala

120 ml di acqua calda

1 cucchiaio di succo di limone

sale a piacere

Metodo

- Scaldare l'olio in una padella. Friggere la cipolla a fuoco medio fino a renderla traslucida. Aggiungere la pasta di zenzero e la pasta d'aglio. Friggere per 1-2 minuti.
- Aggiungi le foglie di fieno greco e il fegato. Soffriggere per 5 minuti.
- Aggiungi gli ingredienti rimanenti. Cuocere per 40 minuti e servire caldo.

Manzo Hussaini

(Manzo cotto nel sugo in stile nord indiano)

4 porzioni

ingredienti

4 cucchiai di olio vegetale raffinato

675 g di manzo, tritato finemente

125 g di yogurt

sale a piacere

750 ml / 1¼ pinte di acqua

Per il mix di spezie:

4 cipolle grandi

8 spicchi d'aglio

2,5 cm / 1 poll. radice di zenzero

2 cucchiaini di garam masala

1 cucchiaino di zafferano

2 cucchiaini di coriandolo macinato

1 cucchiaino di cumino macinato

Metodo

- Macina gli ingredienti della miscela di spezie fino a ottenere una pasta densa.
- Scaldare l'olio in una padella. Aggiungere la pasta e friggere a fuoco medio per 4-5 minuti. Aggiungi la carne. Mescolare bene e friggere per 8-10 minuti.
- Aggiungere lo yogurt, il sale e l'acqua. Mescolare bene. Coprite con un coperchio e fate cuocere per 40 minuti, mescolando di tanto in tanto. Servire caldo.

Methi di agnello

(Agnello con fieno greco)

4 porzioni

ingredienti

Olio vegetale raffinato da 120 ml / 4 fl oz

1 cipolla grande, tagliata a fettine sottili

6 spicchi d'aglio tritati

600g / 1lb 5oz agnello, tritato

50 g di foglie di fieno greco fresco, tritate finemente

½ cucchiaino di zafferano

1 cucchiaino di coriandolo macinato

125 g di yogurt

600 ml / 1 litro d'acqua

½ cucchiaino di cardamomo verde macinato

sale a piacere

Metodo

- Scaldare l'olio in una padella. Aggiungere la cipolla e l'aglio e soffriggere a fuoco medio per 4 minuti.
- Aggiungi l'agnello. Friggere per 7-8 minuti. Aggiungi gli ingredienti rimanenti. Mescolare bene e cuocere per 45 minuti. Servire caldo.

Manzo Indad

(Manzo cotto nel sugo in stile indiano orientale)

4 porzioni

ingredienti

675g / 1½ lb di manzo, tritato

2,5 cm / 1 pollice di cannella

6 garofani

sale a piacere

1 litro d'acqua

5 cucchiai di olio vegetale raffinato

3 patate grandi, affettate

Per il mix di spezie:

60 ml di aceto di malto

3 cipolle grandi

2,5 cm / 1 poll. radice di zenzero

8 spicchi d'aglio

½ cucchiaino di zafferano

2 peperoni rossi secchi

2 cucchiaini di semi di cumino

Metodo

- Mescolare la carne con la cannella, i chiodi di garofano, il sale e l'acqua. Cuocere in padella a fuoco medio per 45 minuti. Mettilo da parte.
- Macina gli ingredienti della miscela di spezie fino a ottenere una pasta densa.
- Scaldare l'olio in una padella. Aggiungere la pasta di spezie e friggere a fuoco basso per 5-6 minuti. Aggiungi carne e patate. Mescolare bene. Cuocere per 15 minuti e servire caldo.

casseruola di agnello

4 porzioni

ingredienti

3 cucchiai di olio vegetale raffinato

2 cipolle grandi, tritate finemente

4 spicchi d'aglio tritati

500 g / 1 libbra 2 once di agnello, tritato

2 cucchiaini di cumino macinato

6 cucchiai di passata di pomodoro

150 g di fagioli in scatola

250 ml di brodo di manzo

Pepe nero macinato a piacere

sale a piacere

Metodo

- Scaldare l'olio in una padella. Aggiungere la cipolla e l'aglio e soffriggere a fuoco medio per 2-3 minuti. Aggiungere la carne macinata e rosolare per 10 minuti. Aggiungi gli ingredienti rimanenti. Mescolare bene e cuocere per 30 minuti.
- Trasferire in refrattario. Cuocere a 180°C (350°F, Gas Mark 4) per 25 minuti. Servire caldo.

Agnello al gusto di cardamomo

4 porzioni

ingredienti

sale a piacere

Yogurt da 200 g / 7 once

1½ cucchiaio di pasta di zenzero

2 cucchiaini e mezzo di pasta d'aglio

2 cucchiai di cardamomo verde macinato

675 g di agnello, tagliato a pezzi di 3,5 cm

6 cucchiai di burro chiarificato

6 garofani

7,5 cm / 3 pollici di cannella, macinata grossolanamente

4 cipolle grandi, affettate finemente

½ cucchiaino di curcuma, ammollata in 2 cucchiai di latte

1 litro d'acqua

125 g di noci tostate

Metodo

- Mescolare il sale, lo yogurt, la pasta di zenzero, la pasta d'aglio e il cardamomo. Marinare la carne con questa miscela per 2 ore.
- Scaldare il ghee in una padella. Aggiungere i chiodi di garofano e la cannella. Lasciali balbettare per 15 secondi.
- Aggiungi le cipolle. Friggere per 3-4 minuti. Aggiungere la carne marinata, lo zafferano e l'acqua. Mescolare bene. Coprite con un coperchio e fate cuocere per 40 minuti.
- Servire caldo, guarnendo con le noci.

Khema

(Carne macinata)

4 porzioni

ingredienti

5 cucchiai di olio vegetale raffinato

4 cipolle grandi, tritate finemente

1 cucchiaino di pasta di zenzero

1 cucchiaino di pasta all'aglio

3 pomodori, tritati finemente

2 cucchiaini di garam masala

200 g di piselli surgelati

sale a piacere

675g / 1½ lb di manzo, tritato

500 ml / 16 fl oz di acqua

Metodo

- Scaldare l'olio in una padella. Aggiungere la cipolla e soffriggere a fuoco medio fino a doratura. Aggiungere la pasta di zenzero, la pasta d'aglio, i pomodori, il garam masala, i piselli e il sale. Mescolare bene. Friggere per 3-4 minuti.

- Aggiungere la carne e l'acqua. Mescolare bene. Cuocere per 40 minuti e servire caldo.

Frittata Di Maiale Piccante

4 porzioni

ingredienti

675g / 1½ lb di maiale, a dadini

2 cipolle grandi, tritate finemente

1 cucchiaino di olio vegetale raffinato

1 litro d'acqua

sale a piacere

Per il mix di spezie:

Aceto da 250 ml / 8 fl oz

2 cipolle grandi

1 cucchiaio di pasta di zenzero

1 cucchiaio di pasta all'aglio

1 cucchiaio di pepe nero macinato

1 cucchiaio di peperone verde

1 cucchiaio di zafferano

1 cucchiaio di peperoncino in polvere

1 cucchiaio di chiodi di garofano

5 cm / 2 pollici di cannella

1 cucchiaio di baccelli di cardamomo verde

Metodo

- Macina gli ingredienti della miscela di spezie fino a ottenere una pasta densa.
- Mescolare con gli altri ingredienti in una casseruola. Coprire con un coperchio stretto e cuocere per 50 minuti. Servire caldo.

Tandoori Raan

(Cosciotto di agnello piccante cotto in un Tandoor)

4 porzioni

ingredienti

Cosciotto d'agnello da 675 g / 1 ½ libbra

400 g di yogurt

2 cucchiai di succo di limone

2 cucchiaini di pasta di zenzero

2 cucchiaini di pasta d'aglio

1 cucchiaino di chiodi di garofano macinati

1 cucchiaino di cannella in polvere

2 cucchiaini di peperoncino in polvere

1 cucchiaino di noce moscata grattugiata

pizzico di mela

sale a piacere

Olio vegetale raffinato per imbastire

Metodo

- Forare l'agnello con una forchetta.
- Mescolare bene gli altri ingredienti, tranne l'olio. Marinare l'agnello con questa miscela per 4-6 ore.
- Arrostire l'agnello in un forno a 180°C (350°F, Gas Mark 4) per 1½-2 ore, imbastendo di tanto in tanto. Servire caldo.

Tala di agnello

(agnello fritto)

4 porzioni

ingredienti

675 g di agnello, tagliato a pezzi di 5 cm

sale a piacere

1 litro d'acqua

4 cucchiai di burro chiarificato

2 cipolle grandi, affettate

Per il mix di spezie:

8 peperoni secchi

1 cucchiaino di zafferano

1½ cucchiaio di garam masala

2 cucchiaini di semi di papavero

3 cipolle grandi, tritate finemente

1 cucchiaino di pasta di tamarindo

Metodo

- Macina gli ingredienti della miscela di spezie con l'acqua per ottenere una pasta densa.
- Mescolare questa pasta con la carne, il sale e l'acqua. Cuocere in padella a fuoco medio per 40 minuti. Mettilo da parte.
- Scaldare il ghee in una padella. Aggiungere la cipolla e soffriggere a fuoco medio fino a doratura. Aggiungere il composto di carne. Cuocere per 6-7 minuti e servire caldo.

arrosto di lingua

4 porzioni

ingredienti

Lingua di manzo da 900 g / 2 libbre

sale a piacere

1 litro d'acqua

1 cucchiaino di burro chiarificato

3 cipolle grandi, tritate finemente

5 cm / 2 pollici. Radice di zenzero, julienne

4 pomodori a pezzetti

125 g di piselli surgelati

10 g di foglie di menta, tritate finemente

1 cucchiaino di aceto di malto

1 cucchiaino di pepe nero macinato

½ cucchiaio di garam masala

Metodo

- Mettere la lingua in una padella con il sale e l'acqua e cuocere a fuoco medio per 45 minuti. Scolare e lasciare raffreddare leggermente. Sbucciare la pelle e tagliarla a listarelle. Mettilo da parte.
- Scaldare il ghee in una padella. Aggiungere la cipolla e lo zenzero e soffriggere a fuoco medio per 2-3 minuti. Aggiungere la lingua cotta e tutti gli altri ingredienti. Cuocere per 20 minuti. Servire caldo.

Involtini Di Montone Fritti

4 porzioni

ingredienti

75 g di formaggio cheddar, grattugiato

½ cucchiaino di pepe nero macinato

1 cucchiaino di pasta di zenzero

1 cucchiaino di pasta all'aglio

3 uova sbattute

50 g di foglie di coriandolo, tritate

100 g di pangrattato

sale a piacere

675 g di agnello disossato, tagliato a pezzi di 10 cm e appiattito

4 cucchiai di burro chiarificato

250 ml / 8 fl oz di acqua

Metodo

- Mescolare tutti gli ingredienti tranne carne, burro chiarificato e acqua. Applicare la miscela su un lato dei pezzi di carne. Arrotolate bene ogni pezzo e legatelo con lo spago.
- Scaldare il burro chiarificato in una padella. Aggiungere gli involtini di agnello e friggere a fuoco medio fino a doratura. Aggiungere l'acqua. Cuocere per 15 minuti e servire caldo.

Frittura di fegato di Masala

4 porzioni

ingredienti

4 cucchiai di olio vegetale raffinato

675 g di fegato di agnello, tagliato a listarelle di 5 cm

2 cucchiai di zenzero, julienne

15 spicchi d'aglio tritati

8 peperoni verdi, tagliati longitudinalmente

2 cucchiaini di cumino macinato

1 cucchiaino di zafferano

125 g di yogurt

1 cucchiaino di pepe nero macinato

sale a piacere

50 g di foglie di coriandolo, tritate

1 succo di limone

Metodo

- Scaldare l'olio in una padella. Aggiungere le strisce di fegato e soffriggere a fuoco medio per 10-12 minuti.
- Aggiungere lo zenzero, l'aglio, il peperone verde, il cumino e la curcuma. Friggere per 3-4 minuti. Aggiungere lo yogurt, il pepe e il sale. Soffriggere per 6-7 minuti.
- Aggiungere le foglie di coriandolo e il succo di lime. Rosolare a fuoco basso per 5-6 minuti. Servire caldo.

lingua di manzo piccante

4 porzioni

ingredienti

Lingua di manzo da 900 g / 2 libbre

sale a piacere

1,5 litri / 2¾ pinte di acqua

2 cucchiaini di semi di cumino

12 spicchi d'aglio

5 cm / 2 pollici di cannella

4 chiodi di garofano

6 peperoni rossi secchi

8 grani di pepe nero

6 cucchiai di aceto di malto

3 cucchiai di olio vegetale raffinato

2 cipolle grandi, tritate finemente

3 pomodori, tritati finemente

1 cucchiaino di zafferano

Metodo

- Cuocere la lingua con il sale e 1,2 litri di acqua in una padella a fuoco basso per 45 minuti. Staccare la pelle. Tagliate le lingue a dadini e mettetele da parte.
- Macina i semi di cumino, l'aglio, la cannella, i chiodi di garofano, il peperoncino essiccato e i grani di pepe con l'aceto per ottenere una pasta liscia. Mettilo da parte.
- Scaldare l'olio in una padella. Friggere la cipolla a fuoco medio fino a renderla traslucida. Aggiungere la pasta macinata, la lingua a dadini, i pomodori, la curcuma e il resto dell'acqua. Cuocere per 20 minuti e servire caldo.

pasta di agnello

(Kebab di agnello con salsa allo yogurt)

4 porzioni

ingredienti

½ cucchiaio di olio vegetale raffinato

3 cipolle grandi, tagliate longitudinalmente

¼ di papaia verde piccola, schiacciata

Yogurt da 200 g / 7 once

2 cucchiaini di garam masala

sale a piacere

750 g / 1 libbra 10 once di agnello disossato, tagliato a pezzi di 5 cm / 2 pollici

Metodo

- Scaldare l'olio in una padella. Soffriggere la cipolla a fuoco basso fino a doratura.
- Scolare e tritare le cipolle in una pasta. Mescolare con gli altri ingredienti, tranne l'agnello. Marinare l'agnello in questa miscela per 5 ore.
- Disporre in una tortiera e infornare a 180°C (350°F, Gas Mark 4) per 30 minuti. Servire caldo.

Agnello e curry di mele

4 porzioni

ingredienti

- 5 cucchiai di olio vegetale raffinato
- 4 cipolle grandi, affettate
- 4 pomodori grandi, sbollentati (vedi<u>tecniche di cottura</u>)
- ½ cucchiaino di pasta all'aglio
- 2 cucchiaini di coriandolo macinato
- 2 cucchiaini di cumino macinato
- 1 cucchiaino di peperoncino in polvere
- 30 g / 1 oz di anacardi, macinati
- 750 g / 1 libbra 10 once di agnello disossato, tagliato in pezzi da 2,5 cm / 1 pollice
- Yogurt da 200 g / 7 once
- 1 cucchiaino di pepe nero macinato
- sale a piacere
- 750 ml / 1¼ pinte di acqua
- 4 mele, tagliate a pezzetti da 3,5 cm
- 120ml / 4fl oz di panna fresca

Metodo

- Scaldare l'olio in una padella. Soffriggere la cipolla a fuoco basso fino a doratura.
- Aggiungere i pomodori, la pasta d'aglio, il coriandolo e il cumino. Friggere per 5 minuti.
- Aggiungere gli altri ingredienti tranne l'acqua, le mele e la panna. Mescolare bene e saltare per 8-10 minuti.
- Versare l'acqua. Cuocere per 40 minuti. Aggiungere le mele e mescolare per 10 minuti. Aggiungere la panna e mescolare per altri 5 minuti. Servire caldo.

Agnello secco in stile Andhra

4 porzioni

ingredienti

675g / 1½lb di agnello, tritato

4 cipolle grandi, affettate finemente

6 pomodori, tritati finemente

1½ cucchiaino di pasta di zenzero

1½ cucchiaino di pasta d'aglio

50g / 1¾oz di cocco fresco, grattugiato

2½ cucchiai di garam masala

½ cucchiaino di pepe nero macinato

1 cucchiaino di zafferano

sale a piacere

500 ml / 16 fl oz di acqua

6 cucchiai di olio vegetale raffinato

Metodo

- Mescolare tutti gli ingredienti, tranne l'olio, insieme. Cuocere in padella a fuoco medio per 40 minuti. Scolare la carne e scartare il brodo.
- Scaldare l'olio in un'altra padella. Aggiungere la carne cotta e soffriggere a fuoco medio per 10 minuti. Servire caldo.

Curry di manzo semplice

4 porzioni

ingredienti

3 cucchiai di olio vegetale raffinato

2 cipolle grandi, tritate finemente

750 g / 1 libbra 10 once di manzo, tagliata in pezzi da 2,5 cm / 1 pollice

1 cucchiaino di pasta di zenzero

1 cucchiaino di pasta all'aglio

1 cucchiaino di peperoncino in polvere

½ cucchiaino di zafferano

sale a piacere

Yogurt 300 g / 10 once

1,2 litri / 2 litri di acqua

Metodo

- Scaldare l'olio in una padella. Soffriggere la cipolla a fuoco basso fino a doratura.
- Aggiungere gli altri ingredienti tranne lo yogurt e l'acqua. Friggere per 6-7 minuti. Aggiungere lo yogurt e l'acqua. Cuocere per 40 minuti. Servire caldo.

dio korma

(Montone ricco in salsa)

4 porzioni

ingredienti

3 cucchiai di semi di papavero

75 g di anacardi

Cocco essiccato 50g / 1¾oz

3 cucchiai di olio vegetale raffinato

1 cipolla grande, tagliata a fettine sottili

2 cucchiai di pasta di zenzero

2 cucchiai di pasta all'aglio

675 g di agnello disossato, tritato

Yogurt da 200 g / 7 once

10 g di foglie di coriandolo, tritate

10 g di foglie di menta, tritate

½ cucchiaino di garam masala

sale a piacere

1 litro d'acqua

Metodo

- Semi di papavero tostati secchi, anacardi e cocco. Macinare con acqua sufficiente per formare una pasta densa. Mettilo da parte.
- Scaldare l'olio in una padella. Soffriggere la cipolla, la pasta di zenzero e la pasta d'aglio a fuoco medio per 1-2 minuti.
- Aggiungere i semi di papavero e la pasta di anacardi e gli altri ingredienti tranne l'acqua. Mescolare bene e friggere per 5-6 minuti.
- Aggiungere l'acqua. Cuocere per 40 minuti, mescolando continuamente. Servire caldo.

costolette erachi

(Costolette di agnello tenere)

4 porzioni

ingredienti

Costolette di agnello da 750 g / 1 libbra 10 once

sale a piacere

1 cucchiaino di zafferano

1 litro d'acqua

2 cucchiai di olio vegetale raffinato

1 cucchiaino di pasta di zenzero

1 cucchiaino di pasta all'aglio

3 cipolle grandi, affettate

5 peperoni verdi, tagliati longitudinalmente

2 pomodori grandi, tritati finemente

½ cucchiaino di coriandolo macinato

1 cucchiaio di pepe nero macinato

1 cucchiaio di succo di limone

2 cucchiai di foglie di coriandolo, tritate

Metodo

- Marinare le costolette di agnello con sale e zafferano per 2-3 ore.
- Cuocere la carne con l'acqua a fuoco basso per 40 minuti. Mettilo da parte.
- Scaldare l'olio in una padella. Aggiungere la pasta di zenzero, la pasta d'aglio, la cipolla e il peperone verde e soffriggere a fuoco medio per 3-4 minuti.
- Aggiungere i pomodori, il coriandolo macinato e il pepe. Mescolare bene. Friggere per 5-6 minuti. Aggiungere l'agnello e rosolare per 10 minuti.
- Guarnire con succo di limone e foglie di coriandolo. Servire caldo.

carne macinata arrosto

4 porzioni

ingredienti

3 cucchiai di olio vegetale raffinato

2 cipolle grandi, tritate finemente

6 spicchi d'aglio tritati

600g / 1lb 5oz agnello, tritato

2 cucchiaini di cumino macinato

125 g di passata di pomodoro

Fagioli in scatola 600g / 1lb 5oz

Brodo di montone 500ml / 16fl oz

½ cucchiaino di pepe nero macinato

sale a piacere

Metodo

- Scaldare l'olio in una padella. Aggiungere la cipolla e l'aglio. Friggere a fuoco basso per 2-3 minuti. Aggiungi gli ingredienti rimanenti. Cuocere per 30 minuti.
- Trasferire in una pirofila e cuocere in forno a 200 ° C (200 ° C, Gas Mark 6) per 25 minuti. Servire caldo.

Kaleji Do Pyaaza

(fegato con cipolla)

4 porzioni

ingredienti

4 cucchiai di burro chiarificato

3 cipolle grandi, tritate finemente

2,5 cm / 1 pollice Radice di zenzero, tritata finemente

10 spicchi d'aglio tritati

4 peperoni verdi, tagliati longitudinalmente

1 cucchiaino di zafferano

3 pomodori, tritati finemente

750 g / 1 libbra 10 once di fegato di agnello, tritato

2 cucchiaini di garam masala

Yogurt da 200 g / 7 once

sale a piacere

250 ml / 8 fl oz di acqua

Metodo

- Scaldare il ghee in una padella. Aggiungere la cipolla, lo zenzero, l'aglio, il peperone verde e la curcuma e soffriggere a fuoco medio per 3-4 minuti. Aggiungere tutti gli altri ingredienti tranne l'acqua. Mescolare bene. Friggere per 7-8 minuti.
- Aggiungere l'acqua. Cuocere per 30 minuti, mescolando di tanto in tanto. Servire caldo.

Agnello con l'osso

4 porzioni

ingredienti

30 g / 1 oz di foglie di menta, tritate finemente

3 peperoni verdi, tritati finemente

12 spicchi d'aglio tritati

1 succo di limone

675 g di cosciotto d'agnello, tagliato in 4 pezzi

5 cucchiai di olio vegetale raffinato

sale a piacere

500 ml / 16 fl oz di acqua

1 cipolla grande, tritata finemente

4 patate grandi, tagliate a cubetti

5 melanzane piccole, tagliate a metà

3 pomodori, tritati finemente

Metodo

- Macinare le foglie di menta, il peperone verde e l'aglio con acqua sufficiente a formare una pasta liscia. Aggiungere il succo di limone e mescolare bene.
- Lasciate marinare la carne in questa miscela per 30 minuti.
- Scaldare l'olio in una padella. Aggiungere la carne marinata e soffriggere a fuoco basso per 8-10 minuti. Aggiungere sale e acqua e cuocere per 30 minuti.
- Aggiungi tutti gli ingredienti rimanenti. Cuocere per 15 minuti e servire caldo.

vindaloo di manzo

(curry di manzo di Goa)

4 porzioni

ingredienti

3 cipolle grandi, tritate finemente

5 cm / 2 pollici. dalla radice di zenzero

10 spicchi d'aglio

1 cucchiaio di semi di cumino

½ cucchiaio di coriandolo macinato

2 cucchiaini di peperoncino

½ cucchiaino di semi di fieno greco

½ cucchiaino di semi di senape

60 ml di aceto di malto

sale a piacere

675 g di manzo disossato, tagliato a pezzi da 2,5 cm

3 cucchiai di olio vegetale raffinato

1 litro d'acqua

Metodo

- Macina tutti gli ingredienti tranne carne, olio e acqua per formare una pasta densa. Marinare la carne con questa pasta per 2 ore.
- Scaldare l'olio in una padella. Aggiungere la carne marinata e far rosolare a fuoco basso per 7-8 minuti. Aggiungere l'acqua. Cuocere per 40 minuti, mescolando di tanto in tanto. Servire caldo.

Manzo al curry

4 porzioni

ingredienti

4 cucchiai di olio vegetale raffinato

3 cipolle grandi, grattugiate

1½ cucchiaio di cumino macinato

1 cucchiaino di zafferano

1 cucchiaino di peperoncino in polvere

½ cucchiaio di pepe nero macinato

4 pomodori di media grandezza, passati

675 g di manzo magro, tagliato a pezzi di 2,5 cm

sale a piacere

1½ cucchiaino di foglie di fieno greco essiccate

Crema singola da 250 ml / 8 fl oz

Metodo

- Scaldare l'olio in una padella. Aggiungere la cipolla e soffriggere a fuoco medio fino a doratura.
- Aggiungere gli altri ingredienti tranne le foglie di fieno greco e la panna.
- Mescolare bene e cuocere per 40 minuti. Aggiungere le foglie di fieno greco e la panna. Cuocere per 5 minuti e servire caldo.

agnello con zucca

4 porzioni

ingredienti

750g / 1lb 10oz agnello, tritato

Yogurt da 200 g / 7 once

sale a piacere

2 cipolle grandi

2,5 cm / 1 poll. radice di zenzero

7 spicchi d'aglio

5 cucchiai di burro chiarificato

¾ cucchiaino di zafferano

1 cucchiaino di garam masala

2 foglie di alloro

750 ml / 1¼ pinte di acqua

400 g di zucca butternut, bollita e schiacciata

Metodo

- Marinare l'agnello con lo yogurt e il sale per 1 ora.
- Macina la cipolla, lo zenzero e l'aglio con acqua sufficiente a formare una pasta densa. Scaldare il ghee in una padella. Aggiungere la pasta insieme allo zafferano e friggere per 3-4 minuti.
- Aggiungere il garam masala, le foglie di alloro e l'agnello. Friggere per 10 minuti.
- Aggiungere l'acqua e la zucca. Cuocere per 40 minuti e servire caldo.

gushtaba

(Agnello in stile Kashmir)

4 porzioni

ingredienti

675g / 1½lb di agnello disossato

6 capsule di cardamomo nero

sale a piacere

4 cucchiai di burro chiarificato

4 cipolle grandi, tagliate ad anelli

Yogurt da 600 g / 1 libbra e 5 once

1 cucchiaino di semi di finocchio macinati

1 cucchiaio di cannella in polvere

1 cucchiaio di chiodi di garofano macinati

1 cucchiaio di foglie di menta tritate

Metodo

- Sbattere l'agnello con il cardamomo e il sale fino a renderlo morbido. Dividere in 12 palline e mettere da parte.
- Scaldare il ghee in una padella. Soffriggere la cipolla a fuoco basso fino a doratura. Aggiungere lo yogurt e cuocere per 8-10 minuti, mescolando continuamente.
- Aggiungere le polpette e tutti gli altri ingredienti tranne le foglie di menta. Cuocere per 40 minuti. Servire guarnendo con foglioline di menta.

Agnello con Verdure ed Erbe Miste

4 porzioni

ingredienti

5 cucchiai di olio vegetale raffinato

3 cipolle grandi, tritate finemente

750g / 1lb 10oz agnello, tritato

50 g / 1 50 once di foglie di amaranto*, tritato

100 g di foglie di spinaci, tritate finemente

50 g di foglie di fieno greco, tritate

50 g di foglie di aneto, tritate finemente

50 g di foglie di coriandolo, tritate

1 cucchiaino di pasta di zenzero

1 cucchiaino di pasta all'aglio

3 peperoni verdi, tritati finemente

1 cucchiaino di zafferano

2 cucchiaini di coriandolo macinato

1 cucchiaino di cumino macinato

sale a piacere

1 litro d'acqua

Metodo

- Scaldare l'olio in una padella. Soffriggere la cipolla a fuoco medio fino a doratura. Aggiungere gli altri ingredienti tranne l'acqua. Soffriggere per 12 minuti.
- Aggiungere l'acqua. Cuocere per 40 minuti e servire caldo.

agnello al limone

4 porzioni

ingredienti

Agnello 750 g / 1 libbra 10 once, tagliato in pezzi da 2,5 cm / 1 pollice

2 pomodori a pezzetti

4 peperoni verdi, tritati finemente

1 cucchiaino di pasta di zenzero

1 cucchiaino di pasta all'aglio

2 cucchiaini di garam masala

125 g di yogurt

500 ml / 16 fl oz di acqua

sale a piacere

1 cucchiaio di olio vegetale raffinato

10 scalogni

3 cucchiai di succo di limone

Metodo

- Mescolare l'agnello con tutti gli altri ingredienti tranne l'olio, lo scalogno e il succo di limone. Cuocere in padella a fuoco medio per 45 minuti. Mettilo da parte.

- Scaldare l'olio in una padella. Soffriggere gli scalogni a fuoco basso per 5 minuti.
- Mescolare con il curry di agnello e cospargere con il succo di limone. Servire caldo.

Pasanda di Agnello con Mandorle

(Pezzetti di agnello con mandorle in salsa allo yogurt)

4 porzioni

ingredienti

Olio vegetale raffinato da 120 ml / 4 fl oz

4 cipolle grandi, tritate finemente

750 g / 1 libbra 10 once di agnello disossato, tagliato a pezzi di 5 cm / 2 pollici

3 pomodori, tritati finemente

1 cucchiaino di pasta di zenzero

1 cucchiaino di pasta all'aglio

2 cucchiaini di cumino macinato

1½ cucchiaino di garam masala

sale a piacere

Yogurt greco 200 g / 7 once

750 ml / 1¼ pinte di acqua

25 mandorle, tritate grossolanamente

Metodo

- Scaldare l'olio in una padella. Aggiungere la cipolla e soffriggere a fuoco basso per 6 minuti. Aggiungere l'agnello e saltare in padella per 8-10 minuti. Aggiungere gli altri ingredienti, tranne lo yogurt, l'acqua e le mandorle. Soffriggere per 5-6 minuti.
- Aggiungere lo yogurt, l'acqua e metà delle mandorle. Cuocere per 40 minuti, mescolando continuamente. Servire cospargendo con le restanti mandorle.

Salsiccia Di Maiale Fritta Con Pepe

4 porzioni

ingredienti

2 cucchiai di olio

1 cipolla grande, affettata

400 g / 14 once di salsiccia di maiale

1 peperone verde, julienne

1 patata, bollita e tritata

½ cucchiaino di pasta di zenzero

½ cucchiaino di pasta all'aglio

½ cucchiaino di peperoncino in polvere

¼ di cucchiaino di zafferano

10 g di foglie di coriandolo, tritate

sale a piacere

4 cucchiai d'acqua

Metodo

- Scaldare l'olio in una padella. Aggiungere la cipolla e soffriggere per un minuto. Abbassate la fiamma e aggiungete tutti gli altri ingredienti tranne l'acqua. Friggere delicatamente per 10-15 minuti fino a quando le salsicce sono cotte.
- Aggiungere l'acqua e cuocere a fuoco basso per 5 minuti. Servire caldo.

Montone Shah Jahan

(Montone stufato in ricca salsa Moghlai)

4 porzioni

ingredienti

- 5-6 cucchiai di burro chiarificato
- 4 cipolle grandi, affettate
- 675g / 1½lb di agnello, tritato
- 1 litro d'acqua
- sale a piacere
- 8-10 mandorle, tritate

Per il mix di spezie:

- 8 spicchi d'aglio
- 2,5 cm / 1 poll. radice di zenzero
- 2 cucchiaini di semi di papavero
- 50 g di foglie di coriandolo, tritate
- 5 cm / 2 pollici di cannella
- 4 chiodi di garofano

Metodo

- Macina gli ingredienti della miscela di spezie fino a ottenere una pasta. Mettilo da parte.
- Scaldare il ghee in una padella. Soffriggere la cipolla a fuoco basso fino a doratura.
- Aggiungere la pasta di mix di spezie. Friggere per 5-6 minuti. Aggiungere il montone e soffriggere per 18-20 minuti. Aggiungere acqua e sale. Cuocere per 30 minuti.
- Guarnire con le mandorle e servire caldo.

kebab di pesce

4 porzioni

ingredienti

Pesce spada da 1kg / 2¼lb, spellato e sfilettato

4 cucchiai di olio vegetale raffinato più extra per friggere

75g / 2½ oz chana dhal*, immerso in 250 ml / 9 once di acqua per 30 minuti

3 garofani

½ cucchiaino di semi di cumino

2,5 cm / 1 pollice Radice di zenzero, grattugiata

10 spicchi d'aglio

2,5 cm / 1 pollice di cannella

2 capsule di cardamomo nero

8 grani di pepe nero

4 peperoni rossi secchi

¾ cucchiaino di zafferano

1 cucchiaio di yogurt greco

1 cucchiaino di semi di cumino nero

Per il ripieno:

2 fichi secchi, tritati finemente

4 albicocche secche, tritate

1 succo di limone

10 g di foglie di menta, tritate finemente

10 g di foglie di coriandolo, tritate finemente

sale a piacere

Metodo

- Cuocere il pesce in una vaporiera a fuoco medio per 10 minuti. Mettilo da parte.

- Scaldare 2 cucchiai di olio in una padella. Scolare il dhal e friggerlo a fuoco medio fino a doratura.

- Mescolare dhal con chiodi di garofano, semi di cumino, zenzero, aglio, cannella, cardamomo, pepe in grani, peperoncino, curcuma, yogurt e semi di cumino nero. Macina questa miscela con abbastanza acqua per formare una pasta liscia. Mettilo da parte.

- Scaldare 2 cucchiai di olio in una padella. Aggiungere questa pasta e friggere a fuoco medio per 4-5 minuti.

- Aggiungere il pesce al vapore. Mescolare bene e mescolare per 2 minuti.

- Dividete il composto in 8 porzioni e formate degli hamburger. Mettilo da parte.

- Mescolare tutti gli ingredienti del ripieno. Dividi in 8 porzioni.

- Appiattire le polpette e adagiare con cura su ognuna una parte del ripieno. Sigillare come un sacchetto e arrotolare di nuovo per formare una palla. Accarezza le palle.

- Scaldare l'olio per friggere in una padella. Aggiungere gli hamburger e friggerli a fuoco medio fino a doratura. Girati e ripeti.

- Scolare su carta assorbente e servire caldo.

Braciole Di Pesce

4 porzioni

ingredienti

500g / 1lb 2oz di coda di rana pescatrice, senza pelle e sfilettata

500 ml / 16 fl oz di acqua

sale a piacere

1 cucchiaio di olio vegetale raffinato più extra per friggere

1 cucchiaio di pasta di zenzero

1 cucchiaio di pasta all'aglio

1 cipolla grande, finemente grattugiata

4 peperoni verdi, grattugiati

½ cucchiaino di zafferano

1 cucchiaino di garam masala

1 cucchiaino di cumino macinato

1 cucchiaino di peperoncino in polvere

1 pomodoro, sbollentato e affettato

25 g di foglie di coriandolo scarse, tritate finemente

2 cucchiai di foglie di menta, tritate finemente

400 g di piselli cotti

2 fette di pane, ammollate in acqua e scolate

Pangrattato 50g / 1¾oz

Metodo

- Mettere il pesce con l'acqua in una padella. Salare e cuocere a fuoco medio per 20 minuti. Corri e prenota.

- Per il ripieno, scaldare 1 cucchiaio di olio in una padella. Aggiungere la pasta di zenzero, la pasta d'aglio e la cipolla. Rosolare a fuoco medio per 2-3 minuti.

- Aggiungere il peperoncino verde, la curcuma, il garam masala, il cumino in polvere e il peperoncino in polvere. Friggere per un minuto.

- Aggiungere il pomodoro. Friggere per 3-4 minuti.

- Aggiungere le foglie di coriandolo, le foglie di menta, i piselli e le fette di pane. Mescolare bene. Cuocere a fuoco basso per 7-8 minuti, mescolando di tanto in tanto. Togliere dal fuoco e impastare bene il composto. Dividere in 8 parti uguali e mettere da parte.

- Schiacciare il pesce cotto e dividerlo in 8 porzioni.

- Forma ogni porzione di pesce in una tazza e riempi con una porzione della miscela di ripieno. Sigillare come un sacchetto, formare una palla e formare una cotoletta. Ripeti per le restanti porzioni di pesce e ripieno.

- Scaldare l'olio per friggere in una padella. Passare le costolette nel pangrattato e friggere a fuoco medio fino a doratura. Servire caldo.

Sookha di pesce

(Pesce essiccato con spezie)

4 porzioni

ingredienti

Radice di zenzero da 1 cm / ½ pollice

10 spicchi d'aglio

1 cucchiaio di foglie di coriandolo, tritate finemente

3 peperoni verdi

1 cucchiaino di zafferano

3 cucchiaini di peperoncino in polvere

sale a piacere

Pesce spada da 1kg / 2¼lb, spellato e sfilettato

Cocco essiccato 50g / 1¾oz

6-7 cokum*, messo a bagno per 1 ora in 120 ml / 4 fl oz di acqua

4 cucchiai di olio vegetale raffinato

60 ml / 2 fl oz di acqua

Metodo

- Mescolare lo zenzero, l'aglio, le foglie di coriandolo, il peperoncino verde, la curcuma, il peperoncino in polvere e il sale. Macina questa miscela fino a formare una pasta liscia.

- Lasciate marinare il pesce con la pasta per 1 ora.

- Scalda una padella. Aggiungi il cocco. Arrostire a fuoco medio per un minuto.

- Scartare le bacche di kokum e aggiungere l'acqua di kokum. Mescolare bene. Togliere dal fuoco e aggiungere questa miscela al pesce marinato.

- Scaldare l'olio in una padella. Aggiungere il composto di pesce e cuocere a fuoco medio per 4-5 minuti.

- Aggiungere l'acqua. Mescolare bene. Coprite con un coperchio e fate cuocere per 20 minuti, mescolando di tanto in tanto.

- Servire caldo.

Mahya Kalia

(Pesce con cocco, semi di sesamo e arachidi)

4 porzioni

ingredienti

100 g di cocco fresco, grattugiato

1 cucchiaino di semi di sesamo

1 cucchiaio di arachidi

1 cucchiaio di pasta di tamarindo

1 cucchiaino di zafferano

1 cucchiaino di coriandolo macinato

sale a piacere

250 ml / 8 fl oz di acqua

Filetti di pesce spada 500g / 1lb 2oz

1 cucchiaio di foglie di coriandolo tritate

Metodo

- Tostare a secco il cocco, i semi di sesamo e le arachidi. Mescolare con la pasta di tamarindo, la curcuma, il coriandolo macinato e il sale. Macinare con acqua sufficiente per formare una pasta liscia.

- Cuocere questa miscela con il resto dell'acqua in una padella a fuoco medio per 10 minuti, mescolando continuamente. Aggiungere i filetti di pesce e cuocere per 10-12 minuti. Guarnire con foglie di coriandolo e servire caldo.

Rosachi al curry di gamberi

(Gamberi Cotti Con Cocco)

4 porzioni

ingredienti

200 g / 7 once di cocco fresco, grattugiato

5 peperoni rossi

1½ cucchiaino di semi di coriandolo

1½ cucchiaino di semi di papavero

1 cucchiaino di semi di cumino

½ cucchiaino di zafferano

6 spicchi d'aglio

Olio vegetale raffinato da 120 ml / 4 fl oz

2 cipolle grandi, tritate finemente

2 pomodori a pezzetti

250 g di gamberi, sgusciati e venati

sale a piacere

Metodo

- Macina il cocco, il peperoncino, il coriandolo, i semi di papavero, i semi di cumino, la curcuma e l'aglio con acqua sufficiente a formare una pasta liscia. Mettilo da parte.

- Scaldare l'olio in una padella. Soffriggere la cipolla a fuoco basso fino a doratura.

- Aggiungere la pasta di peperoncino di cocco macinato, i pomodori, i gamberi e il sale. Mescolare bene. Cuocere per 15 minuti, mescolando di tanto in tanto. Servire caldo.

Pesce ripieno di datteri e mandorle

4 porzioni

ingredienti

4 trote, 250g / 9oz ciascuna, affettate verticalmente

½ cucchiaino di peperoncino in polvere

1 cucchiaino di pasta di zenzero

250 g di datteri freschi senza semi, sbollentati e tritati finemente

75 g di mandorle, sbollentate e tritate finemente

2-3 cucchiai di riso al vapore (vediQui)

1 cucchiaino di zucchero

¼ di cucchiaino di cannella in polvere

½ cucchiaino di pepe nero macinato

sale a piacere

1 cipolla grande, tagliata a fettine sottili

Metodo

- Marinare il pesce con il peperoncino in polvere e la pasta di zenzero per 1 ora.

- Mescolare i datteri, le mandorle, il riso, lo zucchero, la cannella, il pepe e il sale. Impastate fino a formare un impasto morbido. Mettilo da parte.

- Farcire la pasta di datteri e mandorle nelle fessure del pesce marinato. Adagiare il pesce ripieno su un foglio di alluminio e cospargere con la cipolla.

- Avvolgere il pesce e la cipolla in un foglio di alluminio e sigillare bene i bordi.

- Cuocere a 200°C (400°F, Gas Mark 6) per 15-20 minuti. Scartare la pellicola e cuocere il pesce per altri 5 minuti. Servire caldo.

Pesce tandoori

4 porzioni

ingredienti

1 cucchiaino di pasta di zenzero

1 cucchiaino di pasta all'aglio

½ cucchiaino di garam masala

1 cucchiaino di peperoncino in polvere

1 cucchiaio di succo di limone

sale a piacere

Filetti di coda di rana pescatrice 500g / 1lb 2oz

1 cucchiaio di chaat masala*

Metodo

- Mescolare la pasta di zenzero, la pasta d'aglio, il garam masala, il peperoncino in polvere, il succo di limone e il sale.

- Fai delle incisioni sul pesce. Marinare con la miscela di zenzero e aglio per 2 ore.

- Grigliare il pesce per 15 minuti. Cospargere con il chaat masala. Servire caldo.

Pesce con verdure

4 porzioni

ingredienti

750g / 1lb 10oz filetti di salmone, senza pelle

½ cucchiaino di zafferano

sale a piacere

2 cucchiai di olio di senape

¼ di cucchiaino di semi di senape

¼ di cucchiaino di semi di finocchio

¼ di cucchiaino di semi di cipolla

¼ di cucchiaino di semi di fieno greco

¼ cucchiaino di semi di cumino

2 foglie di alloro

2 peperoni rossi secchi, tagliati a metà

1 cipolla grande, tagliata a fettine sottili

2 peperoni verdi grandi, tagliati nel senso della lunghezza

½ cucchiaino di zucchero

125 g di piselli in scatola

1 patata grande, tagliata a listarelle

2-3 melanzane piccole, tagliate a julienne

250 ml / 8 fl oz di acqua

Metodo

- Marinare il pesce con la curcuma e il sale per 30 minuti.

- Scaldare l'olio in una padella. Aggiungere il pesce marinato e soffriggere a fuoco medio per 4-5 minuti, girando di tanto in tanto. Corri e prenota.

- Allo stesso olio, aggiungere i semi di senape, il finocchio, la cipolla, il fieno greco ei semi di cumino. Lasciali balbettare per 15 secondi.

- Aggiungere le foglie di alloro e il peperoncino. Friggere per 30 secondi.

- Aggiungere la cipolla e il peperone verde. Friggere a fuoco medio fino a quando la cipolla è dorata.

- Aggiungere lo zucchero, i piselli, le patate e le melanzane. Mescolare bene. Friggere la miscela per 7-8 minuti.

- Aggiungere il pesce fritto e l'acqua. Mescolare bene. Coprite con un coperchio e fate cuocere per 12-15 minuti, mescolando di tanto in tanto.

- Servire caldo.

tandoor gulnare

(Trota cotta in tandoor)

4 porzioni

ingredienti

4 trote, 250g / 9oz ciascuna

Burro per condire

Per la prima marinata:

120 ml di aceto di malto

2 cucchiai di succo di limone

2 cucchiaini di pasta d'aglio

½ cucchiaino di peperoncino in polvere

sale a piacere

Per la seconda marinata:

400 g di yogurt

1 uovo

1 cucchiaino di pasta all'aglio

2 cucchiaini di pasta di zenzero

120ml / 4fl oz di panna fresca

180 g / 6½ oz di fagioli*

Gamberetti al Masala Verde

4 porzioni

ingredienti

Radice di zenzero da 1 cm / ½ pollice

8 spicchi d'aglio

3 peperoni verdi, tagliati longitudinalmente

50 g di foglie di coriandolo, tritate

1½ cucchiaio di olio vegetale raffinato

2 cipolle grandi, tritate finemente

2 pomodori a pezzetti

500 g di gamberi grandi, sgusciati e venati

1 cucchiaino di pasta di tamarindo

sale a piacere

½ cucchiaino di zafferano

Metodo

- Tritate lo zenzero, l'aglio, il peperoncino e le foglie di coriandolo. Mettilo da parte.
- Scaldare l'olio in una padella. Soffriggere la cipolla a fuoco basso fino a doratura.
- Aggiungere la pasta di zenzero e aglio e i pomodori. Friggere per 4-5 minuti.
- Aggiungere i gamberi, la pasta di tamarindo, il sale e la curcuma. Mescolare bene. Cuocere per 15 minuti, mescolando di tanto in tanto. Servire caldo.

braciola di pesce

4 porzioni

ingredienti

2 uova

1 cucchiaio di farina bianca normale

sale a piacere

San Pietro da 400g / 14oz, senza pelle e sfilettato

500 ml / 16 fl oz di acqua

2 patate grandi, bollite e schiacciate

1½ cucchiaino di garam masala

1 cipolla grande grattugiata

1 cucchiaino di pasta di zenzero

Olio vegetale raffinato per friggere

Briciole di pane da 200 g / 7 once

Metodo

- Sbattere le uova con la farina e il sale. Mettilo da parte.
- Cuocere il pesce in acqua salata in una padella a fuoco medio per 15-20 minuti. Scolare e impastare con le patate, il garam masala, la cipolla, la pasta di zenzero e il sale fino a che liscio.
- Dividere in 16 porzioni, formare delle palline e appiattirle leggermente per formare delle braciole.
- Scaldare l'olio in una padella. Passate le cotolette nell'uovo sbattuto, passatele nel pangrattato e friggetele a fuoco basso fino a doratura. Servire caldo.

Parsi Pesce Sas

(Pesce cotto in salsa bianca)

4 porzioni

ingredienti

1 cucchiaio di farina di riso

1 cucchiaio di zucchero

60 ml di aceto di malto

2 cucchiai di olio vegetale raffinato

2 cipolle grandi, affettate finemente

½ cucchiaino di pasta di zenzero

½ cucchiaino di pasta all'aglio

1 cucchiaino di cumino macinato

sale a piacere

250 ml / 8 fl oz di acqua

8 filetti di halibut al limone

2 uova sbattute

Metodo

- Macina la farina di riso con lo zucchero e l'aceto fino a ottenere una pasta. Mettilo da parte.
- Scaldare l'olio in una padella. Soffriggere la cipolla a fuoco basso fino a doratura.
- Aggiungere la pasta di zenzero, la pasta d'aglio, il cumino macinato, il sale, l'acqua e il pesce. Cuocere a fuoco basso per 25 minuti, mescolando di tanto in tanto.
- Aggiungere il composto di farina e cuocere per un minuto.
- Aggiungere delicatamente le uova. Mescolare per un minuto. Guarnire e servire caldo.

Peshawari Machhi

4 porzioni

ingredienti

3 cucchiai di olio vegetale raffinato

1 kg di salmone, tagliato a tranci

2,5 cm / 1 pollice Radice di zenzero, grattugiata

8 spicchi d'aglio schiacciati

2 cipolle grandi, tritate

3 pomodori, sbollentati e tritati

1 cucchiaino di garam masala

400 g di yogurt

¾ cucchiaino di zafferano

1 cucchiaino di amchoor*

sale a piacere

Metodo

- Riscaldare l'olio. Friggere il pesce a fuoco basso fino a doratura. Corri e prenota.
- Allo stesso olio, aggiungere lo zenzero, l'aglio e la cipolla. Friggere a fuoco basso per 6 minuti. Aggiungere il pesce fritto e tutti gli altri ingredienti. Mescolare bene.
- Cuocere per 20 minuti e servire caldo.

Curry di granchio

4 porzioni

ingredienti

4 granchi di media grandezza, puliti (v<u>tecniche di cottura</u>)

sale a piacere

1 cucchiaino di zafferano

½ cocco grattugiato

6 spicchi d'aglio

4-5 peperoni rossi

1 cucchiaio di semi di coriandolo

1 cucchiaio di semi di cumino

1 cucchiaino di pasta di tamarindo

3-4 peperoni verdi, tagliati nel senso della lunghezza

1 cucchiaio di olio vegetale raffinato

1 cipolla grande, tritata finemente

Metodo

- Marinare i granchi con sale e curcuma per 30 minuti.
- Macina tutti gli ingredienti rimanenti, tranne l'olio d'oliva e la cipolla, con acqua sufficiente per formare una pasta liscia.
- Scaldare l'olio in una padella. Soffriggere la pasta macinata e la cipolla a fuoco basso finché la cipolla non diventa dorata. Aggiungi dell'acqua. Cuocere per 7-8 minuti, mescolando di tanto in tanto. Aggiungere i granchi marinati. Mescolare bene e cuocere per 5 minuti. Servire caldo.

pesce senape

4 porzioni

ingredienti

8 cucchiai di olio di senape

4 trote, 250g / 9oz ciascuna

2 cucchiaini di cumino macinato

2 cucchiaini di senape macinata

1 cucchiaino di coriandolo macinato

½ cucchiaino di zafferano

120 ml / 4 fl oz di acqua

sale a piacere

Metodo

- Scaldare l'olio in una padella. Aggiungere il pesce e friggere a fuoco medio per 1-2 minuti. Capovolgere il pesce e ripetere. Corri e prenota.
- Allo stesso olio, aggiungi cumino macinato, senape e coriandolo. Lasciali balbettare per 15 secondi.
- Aggiungere la curcuma, l'acqua, il sale e il pesce fritto. Mescolare bene e cuocere per 10-12 minuti. Servire caldo.

Meen Vattichathu

(pesce rosso cucinato con spezie)

4 porzioni

ingredienti

600g / 1lb 5oz pesce spada, spellato e sfilettato

½ cucchiaino di zafferano

sale a piacere

3 cucchiai di olio vegetale raffinato

½ cucchiaino di semi di senape

½ cucchiaino di semi di fieno greco

8 foglie di curry

2 cipolle grandi, affettate finemente

8 spicchi d'aglio tritati

5 cm / 2 pollici. Zenzero, affettato finemente

6 kokum*

Metodo

- Lasciate marinare il pesce con la curcuma e il sale per 2 ore.
- Scaldare l'olio in una padella. Aggiungere la senape e i semi di fieno greco. Lasciali balbettare per 15 secondi. Aggiungere tutti gli altri ingredienti e il pesce marinato. Friggere a fuoco basso per 15 minuti. Servire caldo.

DoiMaach

(Pesce cotto nello yogurt)

4 porzioni

ingredienti

4 trote, spellate e sfilettate

2 cucchiai di olio vegetale raffinato

2 foglie di alloro

1 cipolla grande, tritata finemente

2 cucchiaini di zucchero

sale a piacere

Yogurt da 200 g / 7 once

Per la marinata:

3 garofani

stecca di cannella da 5 cm / 2 pollici

3 capsule di cardamomo verde

5 cm / 2 pollici. dalla radice di zenzero

1 cipolla grande, tagliata a fettine sottili

1 cucchiaino di zafferano

sale a piacere

Metodo

- Macina insieme tutti gli ingredienti della marinata. Marinare il pesce con questa miscela per 30 minuti.
- Scaldare l'olio in una padella. Aggiungere le foglie di alloro e la cipolla. Friggere a fuoco basso per 3 minuti. Aggiungere lo zucchero, il sale e il pesce marinato. Mescolare bene.
- Soffriggere per 10 minuti. Aggiungere lo yogurt e cuocere per 8 minuti. Servire caldo.

Pesce fritto

4 porzioni

ingredienti

6 cucchiai di fagioli*

2 cucchiaini di garam masala

1 cucchiaino di amchoor*

1 cucchiaino di semi di ajowan

1 cucchiaino di pasta di zenzero

1 cucchiaino di pasta all'aglio

sale a piacere

675g / 1½lb di coda di rana pescatrice, senza pelle e sfilettata

Olio vegetale raffinato per friggere

Metodo

- Mescolare tutti gli ingredienti tranne il pesce e l'olio con acqua sufficiente per formare un impasto denso. Marinare il pesce in questa massa per 4 ore.
- Scaldare l'olio in una padella. Aggiungere il pesce e soffriggere a fuoco medio per 4-5 minuti. Girare e friggere di nuovo per 2-3 minuti. Servire caldo.

Macher Chop

4 porzioni

ingredienti

500g / 1lb 2oz di salmone, senza pelle e sfilettato

sale a piacere

500 ml / 16 fl oz di acqua

250 g di patate, bollite e schiacciate

Olio di senape 200ml / 7fl oz

2 cipolle grandi, tritate finemente

½ cucchiaino di pasta di zenzero

½ cucchiaino di pasta all'aglio

1½ cucchiaino di garam masala

1 uovo sbattuto

Briciole di pane da 200 g / 7 once

Olio vegetale raffinato per friggere

Metodo

- Mettere in una padella il pesce con il sale e l'acqua. Cuocere a fuoco medio per 15 minuti. Scolare e schiacciare con le patate. Mettilo da parte.
- Scaldare l'olio in una padella. Aggiungere la cipolla e soffriggere a fuoco medio fino a doratura. Aggiungere il composto di pesce e tutti gli altri ingredienti tranne l'uovo e il pangrattato. Mescolare bene e cuocere a fuoco basso per 10 minuti.
- Raffreddare e dividere in palline della grandezza di un limone. Appiattire e formare delle costolette.
- Scaldare l'olio per friggere in una padella. Immergere le cotolette nell'uovo, rotolare nel pangrattato e friggere a fuoco medio fino a doratura. Servire caldo.

Pesce spada Goa

(pesce spada cucinato alla goana)

4 porzioni

ingredienti

50g / 1¾oz di cocco fresco, grattugiato

1 cucchiaino di semi di coriandolo

1 cucchiaino di semi di cumino

1 cucchiaino di semi di papavero

4 spicchi d'aglio

1 cucchiaio di pasta di tamarindo

250 ml / 8 fl oz di acqua

Olio vegetale raffinato per friggere

1 cipolla grande, tritata finemente

1 cucchiaio di kokum*

sale a piacere

½ cucchiaino di zafferano

4 bistecche di pesce spada

Metodo

- Macina il cocco, i semi di coriandolo, i semi di cumino, i semi di papavero, l'aglio e la pasta di tamarindo con abbastanza acqua da formare una pasta liscia. Mettilo da parte.
- Scaldare l'olio in una padella. Aggiungere la cipolla e soffriggere a fuoco medio fino a doratura.
- Aggiungere la pasta macinata e friggere per 2 minuti. Aggiungi gli ingredienti rimanenti. Mescolare bene e cuocere per 15 minuti. Servire caldo.

Masala di pesce essiccato

4 porzioni

ingredienti

6 filetti di salmone

¼ di cocco fresco, grattugiato

7 peperoni rossi

1 cucchiaio di zafferano

sale a piacere

Metodo

- Grigliare i filetti di pesce per 20 minuti. Mettilo da parte.
- Macinare gli ingredienti rimanenti per formare una pasta liscia.
- Mescolare con il pesce. Cuocere il composto in padella a fuoco basso per 15 minuti. Servire caldo.

Curry di gamberi di Madras

4 porzioni

ingredienti

3 cucchiai di olio vegetale raffinato

3 cipolle grandi, tritate finemente

12 spicchi d'aglio tritati

3 pomodori, sbollentati e tritati

½ cucchiaino di zafferano

sale a piacere

1 cucchiaino di peperoncino in polvere

2 cucchiai di pasta di tamarindo

750g / 1lb 10 oz gamberi di media grandezza, sgusciati e venati

4 cucchiai di latte di cocco

Metodo

- Scaldare l'olio in una padella. Aggiungere la cipolla e l'aglio e soffriggere a fuoco medio per un minuto. Aggiungere i pomodori, la curcuma, il sale, il peperoncino in polvere, la pasta di tamarindo e i gamberi. Mescolare bene e friggere per 7-8 minuti.
- Aggiungi il latte di cocco. Cuocere per 10 minuti e servire caldo.

pesce al fieno greco

4 porzioni

ingredienti

8 cucchiai di olio vegetale raffinato

500g / 1lb 2oz salmone, filetti

1 cucchiaio di pasta all'aglio

75 g di foglie di fieno greco fresco, tritate finemente

4 pomodori a pezzetti

2 cucchiaini di coriandolo macinato

1 cucchiaino di cumino macinato

1 cucchiaino di succo di limone

sale a piacere

1 cucchiaino di zafferano

75 g / 2½ once di acqua calda

Metodo

- Scaldare 4 cucchiai di olio in una padella. Aggiungere il pesce e friggere a fuoco medio fino a doratura su entrambi i lati. Corri e prenota.
- Scaldare 4 cucchiai di olio in una padella. Aggiungere la pasta all'aglio. Friggere a fuoco basso per un minuto. Aggiungere gli altri ingredienti tranne l'acqua. Friggere per 4-5 minuti.
- Aggiungere l'acqua e il pesce fritto. Mescolare bene. Coprite con un coperchio e fate cuocere per 10-15 minuti, mescolando di tanto in tanto. Servire caldo.

Karimeen Porichathu

(Filetto di pesce al masala)

4 porzioni

ingredienti

1 cucchiaino di peperoncino in polvere

1 cucchiaio di coriandolo macinato

1 cucchiaino di zafferano

1 cucchiaino di pasta di zenzero

2 peperoni verdi, tritati

1 succo di limone

8 foglie di curry

sale a piacere

8 filetti di salmone

Olio vegetale raffinato per friggere

Metodo

- Mescolare tutti gli ingredienti tranne il pesce e l'olio.
- Marinare il pesce con questa miscela e conservare in frigorifero per 2 ore.
- Scaldare l'olio in una padella. Aggiungere i pezzi di pesce e friggere a fuoco medio fino a doratura.
- Servire caldo.

gamberi giganti

4 porzioni

ingredienti

500 g di gamberi grandi, sgusciati e venati

1 cucchiaino di zafferano

½ cucchiaino di peperoncino in polvere

sale a piacere

3 cucchiai di olio vegetale raffinato

1 cipolla grande, tritata finemente

1 cm / ½ pollice. Radice di zenzero, tritata finemente

10 spicchi d'aglio tritati

2-3 peperoni verdi, tagliati nel senso della lunghezza

½ cucchiaino di zucchero

250 ml di latte di cocco

1 cucchiaio di foglie di coriandolo, tritate finemente

Metodo

- Marinare i gamberi con la curcuma, il peperoncino in polvere e il sale per 1 ora.
- Scaldare l'olio in una padella. Aggiungere la cipolla, lo zenzero, l'aglio e il peperoncino verde e soffriggere a fuoco medio per 2-3 minuti.
- Aggiungere lo zucchero, il sale e i gamberi marinati. Mescolare bene e far saltare per 10 minuti. Aggiungi il latte di cocco. Cuocere per 15 minuti.
- Guarnire con foglie di coriandolo e servire caldo.

pesce in scatola

4 porzioni

ingredienti

Olio vegetale raffinato per friggere

Pesce spada da 1kg / 2¼lb, spellato e sfilettato

1 cucchiaino di zafferano

12 peperoni rossi secchi

1 cucchiaio di semi di cumino

5 cm / 2 pollici. dalla radice di zenzero

15 spicchi d'aglio

Aceto di malto 250ml / 8fl oz

sale a piacere

Metodo

- Scaldare l'olio in una padella. Aggiungere il pesce e soffriggere a fuoco medio per 2-3 minuti. Girare e friggere per 1-2 minuti. Mettilo da parte.
- Macinare gli ingredienti rimanenti per formare una pasta liscia.
- Cuocere la pasta in una padella a fuoco basso per 10 minuti. Aggiungere il pesce, cuocere per 3-4 minuti, quindi raffreddare e conservare in un barattolo, in frigorifero, per un massimo di 1 settimana.

Curry di polpette di pesce

4 porzioni

ingredienti

500g / 1lb 2oz di salmone, senza pelle e sfilettato

sale a piacere

750 ml / 1¼ pinte di acqua

1 cipolla grande

3 cucchiaini di garam masala

½ cucchiaino di zafferano

3 cucchiai di olio vegetale raffinato più extra per friggere

5 cm / 2 pollici. Radice di zenzero, grattugiata

5 spicchi d'aglio schiacciati

250 g di pomodori, sbollentati e tagliati a cubetti

2 cucchiai di yogurt, frullato

Metodo

- Cuocere il pesce con un po' di sale e 500 ml di acqua a fuoco medio per 20 minuti. Scolare e frullare con la cipolla, il sale, 1 cucchiaino di garam masala e lo zafferano fino a che liscio. Dividi in 12 palline.
- Scaldare l'olio per friggere. Aggiungere le palline e friggere a fuoco medio fino a doratura. Corri e prenota.
- Scaldare 3 cucchiai di olio in una padella. Aggiungere tutti gli altri ingredienti, l'acqua rimanente e le polpette di pesce. Cuocere per 10 minuti e servire caldo.

pesce amritsari

(pesce piccante piccante)

4 porzioni

ingredienti

Yogurt da 200 g / 7 once

½ cucchiaino di pasta di zenzero

½ cucchiaino di pasta all'aglio

1 succo di limone

½ cucchiaino di garam masala

sale a piacere

675g / 1½lb di coda di rana pescatrice, senza pelle e sfilettata

Metodo

- Mescolare tutti gli ingredienti tranne il pesce. Marinare il pesce con questa miscela per 1 ora.
- Grigliare il pesce marinato per 7-8 minuti. Servire caldo.

Masala fritto di gamberi

4 porzioni

ingredienti

4 spicchi d'aglio

5 cm / 2 pollici di zenzero

2 cucchiai di cocco fresco, grattugiato

2 peperoni rossi secchi

1 cucchiaio di semi di coriandolo

1 cucchiaino di zafferano

sale a piacere

120 ml / 4 fl oz di acqua

750g / 1lb 10oz gamberi, sgusciati e venati

3 cucchiai di olio vegetale raffinato

3 cipolle grandi, tritate finemente

2 pomodori a pezzetti

2 cucchiai di foglie di coriandolo, tritate

1 cucchiaino di garam masala

Metodo

- Macina l'aglio, lo zenzero, il cocco, il peperoncino, i semi di coriandolo, la curcuma e il sale con acqua a sufficienza per formare una pasta liscia.
- Marinare i gamberi con questa pasta per un'ora.
- Scaldare l'olio in una padella. Aggiungere la cipolla e soffriggere a fuoco medio fino a renderla traslucida.
- Aggiungere i pomodori marinati e i gamberi. Mescolare bene. Aggiungere acqua, coprire con un coperchio e cuocere per 20 minuti.
- Guarnire con foglie di coriandolo e garam masala. Servire caldo.

Pesce salato coperto

4 porzioni

ingredienti

2 cucchiai di succo di limone

sale a piacere

Pepe nero macinato a piacere

4 bistecche di pesce spada

2 cucchiai di burro

1 cipolla grande, tritata finemente

1 peperone verde, snocciolato e tritato

3 pomodori, sbucciati e tritati

Pangrattato 50g / 1¾oz

85 g / 3 once di formaggio Cheddar, grattugiato

Metodo

- Cospargere il pesce con succo di limone, sale e pepe. Mettilo da parte.
- Scaldare il burro in una padella. Aggiungere la cipolla e il peperone verde. Friggere a fuoco medio per 2-3 minuti. Aggiungere i pomodori, il pangrattato e il formaggio. Friggere per 4-5 minuti.
- Distribuire uniformemente il composto sul pesce. Avvolgere in un foglio di alluminio e cuocere a 200°C (400°F, Gas Mark 6) per 30 minuti. Servire caldo.

gamberi alla pasanda

(Gamberi cotti con yogurt e aceto)

4 porzioni

ingredienti

250 g di gamberi, sgusciati e venati

sale a piacere

1 cucchiaino di pepe nero macinato

2 cucchiaini di aceto di malto

2 cucchiaini di olio vegetale raffinato

1 cucchiaio di pasta all'aglio

2 cipolle grandi, tritate finemente

2 pomodori a pezzetti

2 erba cipollina tritata

1 cucchiaino di garam masala

250 ml / 8 fl oz di acqua

4 cucchiai di yogurt greco

Metodo

- Marinare i gamberi con sale, pepe e aceto per 30 minuti.
- Grigliare i gamberi per 5 minuti. Mettilo da parte.
- Scaldare l'olio in una padella. Aggiungere la pasta d'aglio e le cipolle. Friggere a fuoco medio per un minuto. Aggiungere i pomodori, l'erba cipollina e il garam masala. Soffriggere per 4 minuti. Aggiungere i gamberi grigliati e l'acqua. Cuocere a fuoco basso per 15 minuti. Aggiungere lo yogurt. Mescolare per 5 minuti. Servire caldo.

pesce spada rechaido

(Pesce spada cotto in salsa Goan)

4 porzioni

ingredienti

4 peperoni rossi

6 spicchi d'aglio

2,5 cm / 1 poll. radice di zenzero

½ cucchiaino di zafferano

1 cipolla grande

1 cucchiaino di pasta di tamarindo

1 cucchiaino di semi di cumino

1 cucchiaio di zucchero

sale a piacere

120 ml di aceto di malto

1 kg di pesce spada, pulito

Olio vegetale raffinato per friggere

Metodo

- Macinare tutti gli ingredienti tranne il pesce e l'olio.
- Praticare delle fessure nel pesce spada e marinare con il composto macinato, mettendone molta miscela nelle fessure. Prenota per 1 ora.
- Scaldare l'olio in una padella. Aggiungere il pesce marinato e soffriggere a fuoco basso per 2-3 minuti. Girati e ripeti. Servire caldo.

Teekha Jinga

(gamberi piccanti)

4 porzioni

ingredienti

- 4 cucchiai di olio vegetale raffinato
- 1 cucchiaino di semi di finocchio
- 2 cipolle grandi, tritate finemente
- 2 cucchiaini di pasta di zenzero
- 2 cucchiaini di pasta d'aglio
- sale a piacere
- ½ cucchiaino di zafferano
- 3 cucchiai di garam masala
- 25 g / 1 oz scarso di cocco essiccato
- 60 ml / 2 fl oz di acqua
- 1 cucchiaio di succo di limone
- 500g / 1lb 2oz gamberi, sgusciati e venati

Metodo

- Scaldare l'olio in una padella. Aggiungere i semi di finocchio. Lasciali balbettare per 15 secondi. Aggiungere la cipolla, la pasta di zenzero e la pasta d'aglio. Friggere a fuoco medio per un minuto.
- Aggiungi gli altri ingredienti tranne i gamberi. Soffriggere per 7 minuti.
- Aggiungere i gamberi e cuocere per 15 minuti, mescolando continuamente. Servire caldo.

Gamberetti Balchow

(Gamberetti cucinati alla maniera di Goa)

4 porzioni

ingredienti

750g / 1lb 10oz gamberi, sgusciati e venati

Aceto di malto 250ml / 8fl oz

8 spicchi d'aglio

2 cipolle grandi, tritate finemente

1 cucchiaio di cumino macinato

¼ di cucchiaino di zafferano

sale a piacere

Olio vegetale raffinato da 120 ml / 4 fl oz

50 g di foglie di coriandolo, tritate

Metodo

- Marinare i gamberi con 4 cucchiai di aceto per 2 ore.
- Macina l'aceto rimanente con l'aglio, la cipolla, il cumino macinato, la curcuma e il sale per formare una pasta liscia. Mettilo da parte.
- Scaldare l'olio in una padella. Friggere i gamberi a fuoco basso per 12 minuti.
- Aggiungi la cartella. Mescolate bene e fate rosolare a fuoco basso per 15 minuti.
- Guarnire con foglie di coriandolo. Servire caldo.

bhujna gamberi

(gamberi secchi con cocco e cipolla)

4 porzioni

ingredienti

50g / 1¾oz di cocco fresco, grattugiato

2 cipolle grandi

6 peperoni rossi

5 cm / 2 pollici. Radice di zenzero, grattugiata

1 cucchiaino di pasta all'aglio

4 cucchiai di olio vegetale raffinato

5 kokum secco*

¼ di cucchiaino di zafferano

750g / 1lb 10oz gamberi, sgusciati e venati

250 ml / 8 fl oz di acqua

sale a piacere

Metodo

- Macinare la pasta di cocco, cipolla, peperoncino, zenzero e aglio.
- Scaldare l'olio in una padella. Aggiungere la pasta con il kokum e la curcuma. Friggere a fuoco basso per 5 minuti.
- Aggiungere i gamberi, l'acqua e il sale. Cuocere per 20 minuti, mescolando continuamente. Servire caldo.

Chingdi Macher Malai

(Gamberetti al Cocco)

4 porzioni

ingredienti

2 cipolle grandi, grattugiate

2 cucchiai di pasta di zenzero

100 g di cocco fresco, grattugiato

4 cucchiai di olio vegetale raffinato

500g / 1lb 2oz gamberi, sgusciati e venati

1 cucchiaino di zafferano

1 cucchiaino di cumino macinato

4 pomodori a pezzetti

1 cucchiaino di zucchero

1 cucchiaino di burro chiarificato

2 garofani

2,5 cm / 1 pollice di cannella

2 capsule di cardamomo verde

3 foglie di alloro

sale a piacere

4 patate grandi, tagliate a cubetti e fritte

250 ml / 8 fl oz di acqua

Metodo

- Macina la cipolla, la pasta di zenzero e il cocco fino a ottenere una pasta liscia. Mettilo da parte.
- Scaldare l'olio in una padella. Aggiungere i gamberi e friggerli a fuoco medio per 5 minuti. Corri e prenota.
- Allo stesso olio unire la pasta macinata e tutti gli altri ingredienti, tranne l'acqua. Friggere per 6-7 minuti. Aggiungere i gamberi fritti e l'acqua. Mescolare bene e cuocere per 10 minuti. Servire caldo.

Pesce Sorse Bata

(Pesce in pasta di senape)

4 porzioni

ingredienti

4 cucchiai di semi di senape

7 peperoni verdi

2 cucchiai di acqua

½ cucchiaino di zafferano

5 cucchiai di olio di senape

sale a piacere

Sogliola al limone 1kg / 2¼lb, sbucciata e sfilettata

Metodo

- Macina tutti gli ingredienti tranne il pesce con acqua sufficiente per formare una pasta liscia. Marinare il pesce con questa miscela per 1 ora.
- Cuocere per 25 minuti. Servire caldo.

Zuppa di pesce

4 porzioni

ingredienti

1 cucchiaio di olio vegetale raffinato

2 garofani

2,5 cm / 1 pollice di cannella

3 foglie di alloro

5 grani di pepe nero

1 cucchiaino di pasta all'aglio

1 cucchiaino di pasta di zenzero

2 cipolle grandi, tritate finemente

400 g / 14 once di verdure miste surgelate

sale a piacere

250 ml di acqua calda

Filetti di rana pescatrice 500g / 1lb 2oz

1 cucchiaio di farina bianca, sciolta in 60 ml di latte

Metodo

- Scaldare l'olio in una padella. Aggiungere chiodi di garofano, cannella, alloro e pepe. Lasciali balbettare per 15 secondi. Aggiungere la pasta d'aglio, la pasta di zenzero e la cipolla. Friggere a fuoco medio per 2-3 minuti.
- Aggiungere le verdure, il sale e l'acqua. Mescolare bene e cuocere per 10 minuti.
- Aggiungere con cura la miscela di pesce e farina. Mescolare bene. Cuocere a fuoco medio per 10 minuti. Servire caldo.

jinga nissa

(Gamberetti allo Yogurt)

4 porzioni

ingredienti

1 cucchiaio di succo di limone

1 cucchiaino di pasta di zenzero

1 cucchiaino di pasta all'aglio

1 cucchiaino di semi di sesamo

Yogurt da 200 g / 7 once

2 peperoni verdi, tritati

½ cucchiaino di foglie di fieno greco essiccate

½ cucchiaino di chiodi di garofano macinati

½ cucchiaino di cannella in polvere

½ cucchiaino di pepe nero macinato

sale a piacere

12 gamberoni grandi, sgusciati e venati

Metodo

- Mescolare tutti gli ingredienti tranne i gamberi. Marinare i gamberi in questa miscela per un'ora.
- Disporre i gamberi marinati su spiedini e grigliare per 15 minuti. Servire caldo.

Calamaro Vindaloo

(Calamari cotti in salsa goan piccante)

4 porzioni

ingredienti

8 cucchiai di aceto di malto

8 peperoni rossi

3,5 cm / 1½ pollici radice di zenzero

20 spicchi d'aglio

1 cucchiaino di semi di senape

1 cucchiaino di semi di cumino

1 cucchiaino di zafferano

sale a piacere

6 cucchiai di olio vegetale raffinato

3 cipolle grandi, tritate finemente

500 g di calamari, affettati

Metodo

- Macina metà dell'aceto con il peperoncino, lo zenzero, l'aglio, i semi di senape, i semi di cumino, la curcuma e il sale fino a ottenere una pasta liscia. Mettilo da parte.
- Scaldare l'olio in una padella. Soffriggere la cipolla a fuoco basso fino a doratura.
- Aggiungere la pasta macinata. Mescolare bene e saltare per 5-6 minuti.
- Aggiungere i calamari e l'aceto rimanente. Cuocere a fuoco basso per 15-20 minuti, mescolando di tanto in tanto. Servire caldo.

Balchow di aragosta

(aragoste piccanti cotte nel curry di Goa)

4 porzioni

ingredienti

400 g / 14 once di polpa di aragosta, tritata

sale a piacere

½ cucchiaino di zafferano

60 ml di aceto di malto

1 cucchiaino di zucchero

Olio vegetale raffinato da 120 ml / 4 fl oz

2 cipolle grandi, tritate finemente

12 spicchi d'aglio tritati

1 cucchiaino di garam masala

1 cucchiaio di foglie di coriandolo tritate

Metodo

- Marinare l'astice con il sale, lo zafferano, l'aceto e lo zucchero per 1 ora.
- Scaldare l'olio in una padella. Aggiungere la cipolla e l'aglio. Friggere a fuoco basso per 2-3 minuti. Aggiungere l'aragosta marinata e il garam masala. Cuocere a fuoco basso per 15 minuti, mescolando di tanto in tanto.
- Guarnire con foglie di coriandolo. Servire caldo.

Gamberi con Melanzane

4 porzioni

ingredienti

4 cucchiai di olio vegetale raffinato

6 grani di pepe nero

3 peperoni verdi

4 chiodi di garofano

6 spicchi d'aglio

Radice di zenzero da 1 cm / ½ pollice

2 cucchiai di foglie di coriandolo, tritate

1½ cucchiaio di cocco essiccato

2 cipolle grandi, tritate finemente

500 g di melanzane tritate

250 g di gamberi, sgusciati e venati

½ cucchiaino di zafferano

1 cucchiaino di pasta di tamarindo

sale a piacere

10 anacardi

120 ml / 4 fl oz di acqua

Metodo

- Scaldare 1 cucchiaio di olio in una padella. Aggiungere i grani di pepe, i peperoncini verdi, i chiodi di garofano, l'aglio, lo zenzero, le foglie di coriandolo e il cocco a fuoco medio per 2-3 minuti. Macinare il composto in una pasta liscia. Mettilo da parte.

- Scaldare l'olio rimanente in una padella. Aggiungere la cipolla e soffriggere a fuoco medio per un minuto. Aggiungere le melanzane, i gamberi e la curcuma. Friggere per 5 minuti.

- Aggiungere la pasta macinata e tutti gli altri ingredienti. Mescolare bene e cuocere per 10-15 minuti. Servire caldo.

gamberi verdi

4 porzioni

ingredienti

1 succo di limone

50 g di foglie di menta

50 g / 1 oz di foglie di coriandolo

4 peperoni verdi

2,5 cm / 1 poll. radice di zenzero

8 spicchi d'aglio

pizzico di garam masala

sale a piacere

20 gamberi di media grandezza, sgusciati e venati

Metodo

- Macina tutti gli ingredienti, tranne i gamberi, fino a ottenere una pasta liscia. Marinare i gamberi in questa miscela per 1 ora.
- Infilzare i gamberi. Grigliare per 10 minuti, girando di tanto in tanto. Servire caldo.

Pesce al coriandolo

4 porzioni

ingredienti

3 cucchiai di olio vegetale raffinato

1 cipolla grande, tritata finemente

4 peperoni verdi, tritati finemente

1 cucchiaio di pasta di zenzero

1 cucchiaio di pasta all'aglio

1 cucchiaino di zafferano

sale a piacere

100 g di foglie di coriandolo, tritate

1kg / 2¼lb di salmone, senza pelle e sfilettato

250 ml / 8 fl oz di acqua

Metodo

- Scaldare l'olio in una padella. Soffriggere la cipolla a fuoco basso fino a doratura.
- Aggiungere tutti gli altri ingredienti tranne il pesce e l'acqua. Friggere per 3-4 minuti. Aggiungere il pesce e saltare per 3-4 minuti.
- Aggiungere l'acqua. Mescolare bene e cuocere per 10-12 minuti. Servire caldo.

pesce malese

(pesce cucinato in salsa cremosa)

4 porzioni

ingredienti

Olio vegetale raffinato da 250 ml / 8 fl oz

Filetti di branzino da 1kg / 2¼lb

1 cucchiaio di farina bianca normale

1 cipolla grande grattugiata

½ cucchiaino di zafferano

250 ml di latte di cocco

sale a piacere

Per il mix di spezie:

1 cucchiaino di semi di coriandolo

1 cucchiaino di semi di cumino

4 peperoni verdi

6 spicchi d'aglio

6 cucchiai d'acqua

Metodo

- Macina gli ingredienti del mix di spezie. Spremere il composto per estrarre il succo in una piccola ciotola. Prenota il succo. Butta via il guscio.
- Scaldare l'olio in una padella. Infarinare il pesce e friggere a fuoco medio fino a doratura. Corri e prenota.
- Allo stesso olio, aggiungere la cipolla e soffriggere a fuoco medio fino a doratura.
- Aggiungere il succo del mix di spezie e tutti gli altri ingredienti. Mescolare bene.
- Cuocere per 10 minuti. Aggiungere il pesce e cuocere per 5 minuti. Servire caldo.

Curry di pesce Konkani

4 porzioni

ingredienti

1kg / 2¼lb di salmone, senza pelle e sfilettato

sale a piacere

1 cucchiaino di zafferano

1 cucchiaino di peperoncino in polvere

2 cucchiai di olio vegetale raffinato

1 cipolla grande, tritata finemente

½ cucchiaino di pasta di zenzero

750ml / 1¼ pinte di latte di cocco

3 peperoni verdi, tagliati longitudinalmente

Metodo

- Marinare il pesce con sale, curcuma e peperoncino in polvere per 30 minuti.
- Scaldare l'olio in una padella. Aggiungere la pasta di cipolla e zenzero. Friggere a fuoco medio fino a quando la cipolla è traslucida.
- Aggiungere il latte di cocco, il peperone verde e il pesce marinato. Mescolare bene. Cuocere per 15 minuti. Servire caldo.

Gamberi piccanti con aglio

4 porzioni

ingredienti

4 cucchiai di olio vegetale raffinato

2 cipolle grandi, tritate finemente

1 cucchiaio di pasta all'aglio

12 spicchi d'aglio tritati

1 cucchiaino di peperoncino in polvere

1 cucchiaino di coriandolo macinato

½ cucchiaino di cumino macinato

2 pomodori a pezzetti

sale a piacere

1 cucchiaino di zafferano

750g / 1lb 10oz gamberi, sgusciati e venati

250 ml / 8 fl oz di acqua

Metodo

- Scaldare l'olio in una padella. Aggiungere la cipolla, la pasta d'aglio e l'aglio tritato. Friggere a fuoco medio fino a quando la cipolla è traslucida.
- Aggiungi gli altri ingredienti tranne i gamberi e l'acqua. Friggere per 3-4 minuti. Aggiungere i gamberi e saltare per 3-4 minuti.
- Aggiungere l'acqua. Mescolare bene e cuocere per 12-15 minuti. Servire caldo.

Curry di pesce semplice

4 porzioni

ingredienti

2 cipolle grandi, tagliate in quarti

3 garofani

2,5 cm / 1 pollice di cannella

4 grani di pepe nero

2 cucchiaini di semi di coriandolo

1 cucchiaino di semi di cumino

1 pomodoro, in quarti

sale a piacere

2 cucchiai di olio vegetale raffinato

750g / 1lb 10oz di salmone, senza pelle e sfilettato

250 ml / 8 fl oz di acqua

Metodo

- Macinare tutti gli ingredienti tranne olio, pesce e acqua. Scaldare l'olio in una padella. Aggiungere la pasta e friggere a fuoco basso per 7 minuti.
- Aggiungere il pesce e l'acqua. Cuocere per 25 minuti, mescolando continuamente. Servire caldo.

Curry di pesce di Goa

4 porzioni

ingredienti

100 g di cocco fresco, grattugiato

4 peperoni rossi secchi

1 cucchiaino di semi di cumino

1 cucchiaino di semi di coriandolo

360 ml / 12 fl oz di acqua

3 cucchiai di olio vegetale raffinato

1 cipolla grande grattugiata

1 cucchiaino di zafferano

8 foglie di curry

2 pomodori, sbollentati e tritati

2 peperoni verdi, tagliati longitudinalmente

1 cucchiaio di pasta di tamarindo

sale a piacere

1kg / 2¼lb di salmone, affettato

Metodo

- Macina il cocco, il peperoncino, i semi di cumino e i semi di coriandolo con 4 cucchiai d'acqua fino a formare una pasta densa. Mettilo da parte.
- Scaldare l'olio in una padella. Friggere la cipolla a fuoco basso fino a renderla traslucida.
- Aggiungere la pasta di cocco. Friggere per 3-4 minuti.
- Aggiungere tutti gli altri ingredienti tranne il pesce e l'acqua rimanente. Soffriggere per 6-7 minuti. Aggiungere il pesce e l'acqua. Mescolare bene e cuocere per 20 minuti, mescolando di tanto in tanto. Servire caldo.

Vindaloo di gamberetti

(Gamberi cotti al curry piccante di Goa)

4 porzioni

ingredienti

- 3 cucchiai di olio vegetale raffinato
- 1 cipolla grande grattugiata
- 4 pomodori a pezzetti
- 1½ cucchiaino di peperoncino in polvere
- ½ cucchiaino di zafferano
- 2 cucchiaini di cumino macinato
- 750g / 1lb 10oz gamberi, sgusciati e venati
- 3 cucchiai di aceto bianco
- 1 cucchiaino di zucchero
- sale a piacere

Metodo

- Scaldare l'olio in una padella. Aggiungere la cipolla e soffriggere a fuoco medio per 1-2 minuti. Aggiungere i pomodori, il peperoncino in polvere, la curcuma e il cumino. Mescolare bene e cuocere per 6-7 minuti, mescolando di tanto in tanto.
- Aggiungere i gamberi e mescolare bene. Cuocere a fuoco basso per 10 minuti.
- Aggiungere l'aceto, lo zucchero e il sale. Cuocere per 5-7 minuti. Servire caldo.

Pesce a Masala Verde

4 porzioni

ingredienti

750g / 1lb 10oz pesce spada, senza pelle e sfilettato

sale a piacere

1 cucchiaino di zafferano

50 g di foglie di menta

100 g di foglie di coriandolo

12 spicchi d'aglio

5 cm / 2 pollici. dalla radice di zenzero

2 cipolle grandi, affettate

5 cm / 2 pollici di cannella

1 cucchiaio di semi di papavero

3 garofani

500 ml / 16 fl oz di acqua

3 cucchiai di olio vegetale raffinato

Metodo

- Lasciate marinare il pesce con sale e zafferano per 30 minuti.
- Macina gli ingredienti rimanenti, tranne l'olio, con acqua sufficiente per formare una pasta densa.
- Scaldare l'olio in una padella. Aggiungere la pasta e friggere a fuoco medio per 4-5 minuti. Aggiungere il pesce marinato e il resto dell'acqua. Mescolare bene e cuocere per 20 minuti, mescolando di tanto in tanto. Servire caldo.

vongole masala

4 porzioni

ingredienti

500g / 1lb 2 oz vongole, pulite (vedi tecniche di cottura)

sale a piacere

¾ cucchiaino di zafferano

1 cucchiaio di semi di coriandolo

3 garofani

2,5 cm / 1 pollice di cannella

4 grani di pepe nero

2,5 cm / 1 poll. radice di zenzero

8 spicchi d'aglio

60 g / 2 once di cocco fresco, grattugiato

2 cucchiai di olio vegetale raffinato

1 cipolla grande, tritata finemente

500 ml / 16 fl oz di acqua

Metodo

- vapore (cfr<u>tecniche di cottura</u>) le vongole in una vaporiera per 20 minuti. Cospargere di sale e curcuma. Mettilo da parte.
- Macina gli ingredienti rimanenti tranne l'olio d'oliva, la cipolla e l'acqua.

- Scaldare l'olio in una padella. Aggiungere la pasta e la cipolla. Friggere a fuoco medio per 4-5 minuti. Aggiungere le vongole al vapore e friggere per 5 minuti. Aggiungere l'acqua. Cuocere per 10 minuti e servire caldo.

ticca di pesce

4 porzioni

ingredienti

2 cucchiaini di pasta di zenzero

2 cucchiaini di pasta d'aglio

1 cucchiaino di garam masala

1 cucchiaino di peperoncino in polvere

2 cucchiaini di cumino macinato

2 cucchiai di succo di limone

sale a piacere

1 kg di rana pescatrice, spellata e sfilettata

Olio vegetale raffinato per fritture poco profonde

2 uova sbattute

3 cucchiai di semolino

Metodo

- Mescolare la pasta di zenzero, la pasta d'aglio, il garam masala, il peperoncino in polvere, il cumino, il succo di limone e il sale. Marinare il pesce con questa miscela per 2 ore.
- Scaldare l'olio in una padella. Immergere il pesce marinato nell'uovo, rotolare nella semola e friggere a fuoco medio per 4-5 minuti.
- Girare e friggere per 2-3 minuti. Scolare su carta assorbente e servire caldo.

Melanzane ripiene di gamberi

4 porzioni

ingredienti

4 cucchiai di olio vegetale raffinato

1 cipolla grande, finemente grattugiata

2 cucchiaini di pasta di zenzero

2 cucchiaini di pasta d'aglio

1 cucchiaino di zafferano

½ cucchiaino di garam masala

sale a piacere

1 cucchiaino di pasta di tamarindo

180 g di gamberi, sgusciati e venati

60 ml / 2 fl oz di acqua

8 melanzane piccole

10 g di foglie di coriandolo, tritate, per guarnire

Metodo

- Per il ripieno, scaldare metà dell'olio in una padella. Aggiungere la cipolla e soffriggere a fuoco basso fino a doratura. Aggiungere la pasta di zenzero, la pasta d'aglio, la curcuma e il garam masala. Soffriggere per 2-3 minuti.
- Aggiungere il sale, la pasta di tamarindo, i gamberi e l'acqua. Mescolare bene e cuocere per 15 minuti. Lasciate raffreddare.
- Con un coltello, fai una croce sull'estremità di una melanzana. Taglia più in profondità lungo la croce, lasciando l'altra estremità intatta. Metti la miscela di gamberi in questa cavità. Ripetere per tutte le melanzane.
- Scaldare l'olio rimanente in una padella. Aggiungere le melanzane ripiene. Friggere a fuoco basso per 12-15 minuti, girando di tanto in tanto. Guarnire e servire caldo.

Gamberi con aglio e cannella

4 porzioni

ingredienti

Olio vegetale raffinato da 250 ml / 8 fl oz

1 cucchiaino di zafferano

2 cucchiaini di pasta d'aglio

sale a piacere

500g / 1lb 2oz gamberi, sgusciati e venati

2 cucchiaini di cannella in polvere

Metodo

- Scaldare l'olio in una padella. Aggiungere la curcuma, la pasta d'aglio e il sale. Friggere a fuoco medio per 2 minuti. Aggiungere i gamberi e cuocere per 15 minuti.
- Aggiungi la cannella. Cuocere per 2 minuti e servire caldo.

Sogliola al vapore con senape

4 porzioni

ingredienti

1 cucchiaino di pasta di zenzero

1 cucchiaino di pasta all'aglio

¼ di cucchiaino di pasta di peperoncino

2 cucchiaini di senape inglese

2 cucchiaini di succo di limone

1 cucchiaino di olio di senape

sale a piacere

Sogliola al limone 1kg / 2¼lb, sbucciata e sfilettata

25 g di foglie di coriandolo scarse, tritate finemente

Metodo

- Mescolare tutti gli ingredienti tranne il pesce e le foglie di coriandolo. Marinare il pesce con questa miscela per 30 minuti.
- Metti il pesce in un piatto poco profondo. vapore (cfr tecniche di cottura) in un vaporizzatore per 15 minuti. Guarnire con foglie di coriandolo e servire caldo.

curry di pesce giallo

4 porzioni

ingredienti

100 ml di olio di senape

1kg / 2¼lb di salmone, senza pelle e sfilettato

4 cucchiaini di senape inglese

1 cucchiaino di coriandolo macinato

1 cucchiaino di peperoncino in polvere

2 cucchiaini di pasta d'aglio

125 g di passata di pomodoro

120 ml / 4 fl oz di acqua

sale a piacere

1 cucchiaino di zafferano

2 cucchiai di foglie di coriandolo tritate finemente, per guarnire

Metodo

- Scaldare l'olio in una padella. Aggiungere il pesce e friggere a fuoco basso fino a doratura. Girati e ripeti. Scolare il pesce e prenotare. Prenota l'olio.
- Mescolare la senape con il coriandolo macinato, il peperoncino in polvere e l'aglio.

- Scaldare l'olio usato per friggere il pesce. Friggere la miscela di senape per un minuto.
- Aggiungere la passata di pomodoro. Friggere a fuoco medio per 4-5 minuti.
- Aggiungere il pesce fritto, l'acqua, il sale e la curcuma. Mescolare bene e cuocere per 15-20 minuti, mescolando di tanto in tanto.
- Guarnire con foglie di coriandolo. Servire caldo.

www.ingramcontent.com/pod-product-compliance
Lightning Source LLC
Chambersburg PA
CBHW070405120526
44590CB00014B/1268